Armes, reiches Deutschland

Norbert Aßfalg

Armes, reiches Deutschland

Bibliografische Information der Deutschen Nationalbibliothek:
Die Deutsche Nationalbibliothek verzeichnet diese Publikation in der
Deutschen Nationalbibliografie; detaillierte bibliografische Daten sind
im Internet über
< http://dnb.d-nb.de > abrufbar.

© 2007 Norbert Aßfalg
Satz, Umschlaggestaltung, Herstellung und Verlag:
Books on Demand GmbH, Norderstedt
ISBN: 978-3-8334-8292-2

Inhalt

Vorwort

Wir schreiben das Jahr 2007. Wir sind multimedial aufgestellt. Wir sind informiert. Oder etwa doch nicht? Gibt es noch Menschen, die die Erzählungen von den wachsenden Ansprüchen des Arbeitslebens, denen wir uns unbedingt stellen oder sogar zuvorkommen müssen, weiterhin ertragen können? Oder sind mehr und mehr Teilnehmer der Gesellschaft der Modernitätsdoktrin überdrüssig? Müssen wir um jeden Preis „am Ball bleiben", oder ist es überlebenswichtig, wieder zu einer gewissen Gelassenheit zurückzukehren?

Dieses Buch hat keineswegs den Anspruch, eine möglichst breite Zustimmung zu erzielen, im Gegenteil: Wer nicht auch ablehnt, denkt nicht.

Es soll in erster Linie dazu anregen, nicht alles, was heute als unumstößlich angesehen wird, ohne eigene Gedanken hinzunehmen. Es soll Mut machen zu hinterfragen, ob gesellschaftliche Veränderungen insbesondere in der Arbeitswelt grundsätzlich immer sinnvoll sind, nur weil diese sie als erstrebenswert erachtet.

Ich habe hierbei ganz bewußt je ein Kapitel den Arbeitnehmern und eines dem Management gewidmet, obwohl man berechtigterweise einwenden kann, daß es sich beim allergrößten Teil der Führungskräfte ebenfalls letztlich um angestellte Arbeitnehmer handelt. Doch liefert die Managementebene, auch wenn gegebenenfalls Überschneidungen nicht gänzlich vermieden werden können, ausreichend eigene Ansatzpunkte, um eine gesonderte Betrachtung zu rechtfertigen.

Wer nach der Lektüre des Buches, bei der in den ersten beiden der insgesamt drei Kapitel das eine oder andere Schmunzeln durchaus gewollt und erwünscht ist, zu dem Schluß kommt, nichts Neues gelesen zu haben, hat auf besonders erfreuliche Art und Weise recht, denn dieser Leser hat sich bereits mit den zeitgenössischen Gegebenheiten, die sich in ihrer teils subtilen, teils abstrusen, häufig aber auch humoresken Kausalität dem Zugriff vieler Menschen konsequent zu entziehen scheinen, erfolgreich auseinandergesetzt.

Um eines nicht zu vergessen: Ich bitte all jene, die sich durch den Inhalt meines Textes auf den Schlips getreten fühlen, höflichst um Vergebung meiner Schuld!

Der Autor

1   Der moderne Arbeitnehmer

Mit Begeisterung räumlich flexibel
oder ein neuzeitlicher Sklave?

Wer kennt sie nicht, die Forderung nach uneingeschränkter Umzugsbereitschaft? Praktisch jede Stellenanzeige in der überregionalen Presse setzt dies mehr oder minder voraus. Auch das Arbeitsamt, oh, pardon, die Agentur für Arbeit betrachtet schon seit längerem als elementaren Bestandteil des Dienstes an ihren „Kunden" die Forderung nach der Bereitschaft des Arbeitssuchenden, jedem potentiellen Arbeitsplatz blindlings hinterherzuziehen, was natürlich von den Arbeitenden, den Leistungsträgern, verständlicherweise tapfer unterstützt wird. Schließlich sieht der Berufstätige im Arbeitslosen einen Kostgänger, der bitte schön alles zu tun hat, um seinen Lebensunterhalt wieder selbst bestreiten zu können.

Grundsätzlich ist dieser Gedankengang durchaus legitim, wenngleich seine engagiertesten Vertreter meist vergessen, wie schnell die desaströse Situation der unfreiwilligen Tatenlosigkeit auch sie selbst betreffen kann.
Kaum jemand scheint sich wirklich ernsthaft Gedanken zu machen, was es bedeutet, vollständig aus dem sozialen Umfeld gerissen zu werden, Kinder aus der Schule nehmen oder das gewohnte Familienheim verlassen zu müssen.
Doch auch diejenigen, die dieser Problematik offen gegenüberstehen, werden zumindest entgegnen, daß dies doch dann aber in jedem Fall der wachsenden Anzahl der Singles ohne weiteres zuzumuten sei.

Ist es das? Ist die emotionale Ebene, die einen Menschen an sein Umfeld bindet, eine schöngeistige und damit vernachlässigbare? Ist die Rücksicht auf die Verwurzelung des Menschen ein Luxus, den wir uns nicht mehr leisten können, oder ist sie eine unabdingbare Voraussetzung für eine funktionierende Gesellschaft, die ohnehin bereits zusehends unter Vereinsamung und Unterkühlung leidet?

Urbane, mondäne Menschen mögen diese Überlegungen sicherlich sehr schnell als kleingeistige, verklärte Sozialromantik abtun, die der Realität längst das Feld überlassen hat. Dabei scheint eben diese Realität ihnen mehr und mehr recht zu geben.

Doch abseits des von wirtschaftlichen Zwängen geforderten Ortswechsels des Arbeitnehmers bedarf es einer zweiten Betrachtungsweise: Warum erachten es viele Personalverantwortliche in deutschen Unternehmen als höchste Tugend eines Bewerbers insbesondere für anspruchsvollere Aufgaben, wenn dieser eine gewisse Anzahl von Ortswechseln vorzuweisen hat, idealerweise natürlich einschließlich Auslandsaufenthalten?

Wird diese Frage in den Raum gestellt, sind stets dieselben stereotypen, gebetsmühlenartig rezitierten Floskeln zu hören: Der entsprechende Bewerber, dessen Lebenslauf räumliche Veränderungen in bestimmtem Umfang erkennen läßt, sei in der Lage, sich in anderer Umgebung zurechtzufinden, verfüge über breite Erfahrungen, könne sich auf verschiedene Kulturkreise (national wie auch international) einstellen. Vor allem aber, so ist immer wieder zu vernehmen, sei ein solcher Bewerber bereit, sein Tun und Handeln voll und ganz in den Dienst eines Betriebes zu stellen, also aus dem Blickwinkel des Unternehmens sehr professionell die Hauptpriorität seines Lebens auf sein berufliches Fortkommen zu legen.

Wehe dem, der sich erdreistet, diese Logik in ihren Grundfesten anzuzweifeln. Demjenigen wird heftigstes Paroli geboten werden sowohl von Seiten der Personalleiter als auch von Seiten zukünftiger oder bereits arrivierter Führungskräfte, der wird sich geächtet fühlen wie einst Galilei, der unverzeihlicherweise der Kugel den Vorzug vor der Scheibe gab.

Zweifellos verfügt ein vielgereister Mitarbeiter über einen vermutlich überdurchschnittlichen Erfahrungsschatz. Es stellt sich nur die Frage, ob diese Erfahrungswerte jenen Nutzen für einen neuen Arbeitgeber erbringen können, den ihre bloße Existenz nach neuzeitlichem (oder auch eventuell schon immerwährendem) Empfinden zu suggerieren vermag.
Ist die Anlageberaterin, die bereits in fünf verschiedenen Banken in drei Ländern gearbeitet hat, wirklich zwangsläufig die bessere Wahl? Ist die Tatsache, daß ein Fachanwalt für Arbeitsrecht die Sozietät schon dreimal gewechselt hat, unbedingt ein Garant für dessen besondere Qualifikation? Ist also das Arbeitsrecht in Hamburg von fundamentalen Unterschieden zu jenem in München? Muß ein Bereichsleiter Marketing diese Aufgabe in mindestens drei Unternehmen wahrgenommen haben, bevor er für die Stelle eines Gesamtvertriebsleiters in Frage kommt?

Die meisten Personalleiter werden diese Fragen mit einem engagiert vorgebrachten „Ja" beantworten – und sie damit als erschöpfend analysiert betrachten.

Natürlich schlägt diese Denkstruktur vieler Unternehmen schon seit längerem auf das „Angebotsverhalten" der Arbeitnehmerschaft durch, was nur als logische Konsequenz zu betrachten ist. Wer kennt nicht die Gespräche mit besonders motivierten Nachwuchskräften, in denen diese nur allzu gerne ausführlich über die verschiedenen Stationen in ihren Lebensläufen berichten, wobei die Basis für ihren Erfolg selbstverständlich nicht nur durch ein Studium in Deutschland verkörpert wird. Nein, auch Harvard und die Sorbonne waren dabei! Wer möchte es ihnen übelnehmen, daß sie darauf stolz sind wie der General auf seine mit Ordenslametta verunstaltete Brust?

Ein Schelm, wer hinter dieser außerordentlichen Betonung der räumlichen Flexibilität und der Bevorzugung entsprechend strukturierter Mitarbeiter etwa einen genial durchdachten Coup des Beschaffungsmarketings vermutet!

Möglicherweise ist der Mitarbeiter, der sich bereitwillig durch das Land oder auch die Welt scheuchen läßt, ein besonders leicht und erfolgreich manipulier- und fremdsteuerbarer, einer, der sich gerne und aus freien Stücken zum widerstandslosen Domestiken des Unternehmens deformieren läßt.

Hatten wir nicht schon einmal, um einen zweifellos sehr gewagten Vergleich anzustellen, diese so häufig ohne zu fragen erfüllte Forderung nach letztlich bedingungsloser Gefolgschaft in unserem Lande? Damals jedenfalls verhallten die wenigen leisen Kassandrarufe in einer Tragödie geradezu biblischen Ausmaßes …

Umfassend qualifiziert oder die vielzitierte eierlegende Wollmilchsau?

Wer empfindet auch die schrillste „High-Tech"-Geisterbahn nur noch so aufregend wie einen Schluck lauwarmen Wassers an einem trüben Herbsttag in Wanne-Eickel? Wessen Blut gerät auch bei einem zierlichen 25-Kilometer-Überholvorgang zweier Laster auf der Autobahn nicht mehr in die geringste Wallung? Bei welchen Menschen verharrt der Puls auch dann noch bei geschmeidigen 62 Schlägen pro Minute, wenn der Erdnußvorrat des Hintermanns im Kino so grenzenlos und unerschöpflich wie die Quelle eines Flusses zu sein scheint?

Nun, all jenen Zeitgenossen sei als ultimativer Belastungstest des Nervenkostüms das wöchentliche intensive Inhalieren der Stellenanzeigen in der Tagespresse wärmstens ans Herz gelegt! Allein schon die Wahl des Vokabulars müßte den interessierten Leser in ähnlich atemberaubende Verzweiflung versetzen, wie sie dereinst Napoleon Bonaparte in Anbetracht des Herannahens der preußischen Truppen in der Schlacht bei Waterloo empfunden haben muß.

Ich möchte einige Beispiele für entsprechende linguale Anomalien anführen, die als von grauenhafter Skrupellosigkeit gekennzeichnete, perfide Attentate auf unser ehedem so gepflegtes sprachliches Kulturgut gelten müssen:

Zunächst wäre da die samstägliche Suche nach einem neuen „Key Account Manager" zu nennen, einem frühen Kind der allgegenwärtigen Sprachentartung, an welches wir uns allerdings im Laufe der Zeit inzwischen hinlänglich gewöhnt haben. „Schlüsselkundenbetreuer" würde aber auch wirklich zu einfach und lapidar klingen. Das geht beim besten Willen nicht!

Beim „Supply Chain Manager" wird die Sache schon etwas komplizierter. Hier hat sich jemand wirklich was dabei gedacht, denn wer würde schon ohne weiteres vielleicht an einen Einkaufsleiter oder gar nur an einen Einkäufer denken angesichts dieser bedrohlichen Verbaleruption?

Mein persönlicher Favorit aber war geboren, als ich erstmals las, eine Bewerbung sei an den „Human Resources Manager" zu richten. Aha! Mein zunächst entstandener Glaube an eine Obszönität wurde nur durch die Kombination meiner noch rudimentär vorhandenen Kenntnisse aus einem personalwirtschaftlich geprägten Studium der Betriebswirtschaft mit meinem halbwegs brauchbaren Englisch dahin umgelenkt, daß es sich hierbei möglicherweise um den Personalleiter handeln könnte.

Ich fordere dringend kostenlose, aber dafür verpflichtende Deutschkurse für Personalsuchende, da ansonsten dieser Personenkreis am Ende noch wegen mangelnder Integrationsbereitschaft des Landes verwiesen wird!

Meine lieben Textverantwortlichen: Ihre Anzeigen beziehungsweise Stellenbezeichnungen werden nicht interessanter, sie werden nicht attraktiver, sie werden auch nicht mit besonderem internationalen Flair versehen, wenn Sie diese krampfhaft anglikanisieren. Sie werden einfach nur – bei allem Respekt – entschieden lächerlicher.

Doch muß diese Entwicklung im Zeitalter eines erbarmungslosen Dauerbombardements mit Links, Browsern, Homepages, Websites, Setups, Laptops und dergleichen hanebüchenem Unfug mehr wohl als so unausweichlich wie der Tod nach dem Leben gelten. Goethe – möge ihm im Jenseits ein ehrend Plätzchen beschieden sein – würde ob dieses grauenvollen Radebrechens der deutschen Sprache vermutlich nicht nur in seiner kühlen Gruft mit Höchstgeschwindigkeit um alle drei Achsen rotieren, nein, er würde vielmehr uns, die wir uns so gerne als seine Nachfahren verstehen, mit gutem Recht des vollständigen intellektuellen Downloads bezichtigen und sich mit größtem Entsetzen abwenden!

Dabei sind die Anforderungen, die in Stellenangeboten zum Ausdruck gebracht werden, oftmals so ausufernd und teilweise unpräzise formuliert, daß sich jeder denkende Mensch fragen muß, ob es solche Arbeitssuchende, wie sie gewünscht werden, überhaupt gibt.

Finden sich – natürlich überspitzt dargestellt – wirklich Sekretärinnen, die möglichst nicht älter als 28 Jahre sein sollten, 10 Jahre Berufserfahrung mitbringen müssen, daneben mindestens zwei Fremdsprachen fließend sprechen und in zwei weiteren ausbaufähige Grundkenntnisse besitzen und überdies selbstredend mit allen Facetten der modernen Büroorganisation vertraut sind?

Überhaupt gehört das Wort „Berufserfahrung" offensichtlich zur unvermeidlichen Grundausstattung jedweder Stellenausschreibung. Doch was macht die Gesellschaft mit den Menschen, die eben diese Eigenschaft noch nicht haben, noch nicht haben können? Lassen wir sie außen vor, bis diese sich aus Verzweiflung in anderen Ländern orientieren müssen? Wieviel so dringend benötigtes Talent, wieviel Engagement und wieviel Motivation wird durch dieses eine Wort „Berufserfahrung" von vornherein in seiner Entwicklung beschnitten und für die Unternehmen deaktiviert? Wieviel berufliches Herzblut junger Menschen, die gerade ihre Ausbildung abgeschlossen oder ihr Examen erfolgreich abgelegt haben, wird durch dieses Wort ins Leere geleitet? Eine Verschwendung geradezu unerhörten Ausmaßes, deren Spätfolgen selbst passionierte Pessimisten in Zukunft noch entsetzen werden. Ob Schulen, Universitäten, Handelskammern, Unternehmen oder auch die Politik von der Landkreisebene bis in den Bundestag: All diese Institutionen propagieren unablässig zu Recht seit Jahren die Bedeutung von Bildung und Ausbildung. Doch wo bleibt die Lobby für Berufsanfänger? Deren Beliebtheit korreliert offensichtlich häufig mit jener einer äußerst üblen Viruskrankheit, vor der man sich unbedingt schützen muß.

Aber auch andere Formulierungen scheinen in Anzeigen so standardisiert wie unüberlegt untergebracht zu werden.

Als Beispiel sei das beliebte Adjektiv „durchsetzungsfähig" genannt. Was genau bedeutet „durchsetzungsfähig" überhaupt? Sollte es gar nur eine charmante Umschreibung für besonders gekonnt eingesetzte Unhöflichkeit sein? Ich bitte

alle Leser, die die Gelegenheit hierfür haben, einen Perso-
nalverantwortlichen nach dessen Definition von „durchsetzungsfähig" zu befragen. Dies dürfte des öfteren interessant
werden …
Besonders amüsant sind jene Stellenangebote, die Durch-
setzungsfähigkeit ebenso engagiert einfordern wie Team-
fähigkeit und Kompromißbereitschaft. Es erfordert nicht
übermäßig viel sprachliche Ausstattung, um hier zumindest
schemenhaft die Umrisse eines kleinen Oxymorons erkennen zu können.

Ebenfalls sehr gerne eingefordert wird eine „hohe Belastbarkeit". Aber was ist Belastbarkeit? Wer kann sie klar defi-
nieren? Wer ist demzufolge belastbar – und wer nicht? Wer
könnte hierfür einen allgemein gültigen Maßstab liefern?
Niemand! Wie sollte der auch aussehen? Vermutlich sind
die meisten Menschen nicht imstande, sich selbst in dieser
Hinsicht trefflich einzuschätzen.
Verständlicherweise dürften sich viele Absolventen, die mit
einem guten Abschluß glänzen können, für durchaus belastbar halten, sich jedoch im Arbeitsalltag plötzlich kaum zu
meisternden Hürden und Schwierigkeiten gegenübersehen.
Dagegen wird vielleicht die junge Frau, die der Doppelbe-
lastung von Studium und Kindererziehung nicht gewachsen
war, ihr Studium also abbrechen mußte, für nicht geeignet
betrachtet, jemals mit einer Aufgabe mit hohen oder höchsten Anforderungen betraut zu werden, obwohl ausgerech-
net sie in einer Situation größter innerer Spannung und
Zerrissenheit eine Entscheidung treffen und damit unter
enormer Belastung reagieren und funktionieren mußte,
sich somit also regelrecht als Führungskraft prädestiniert

hat, was für die Betroffene jedoch letztlich unmöglich zu artikulieren sein wird.

Daraus ist ersichtlich, daß es sich bei der Frage nach der Belastbarkeit um ein schwerlich greifbares sprachliches Fluidum handelt, welches wohl in Stellenanzeigen kaum etwas anderes denn ein Füllwort sein kann.

Sehr ähnlich verhält es sich im übrigen mit dem allgegenwärtigen „unternehmerischen Denken"; eine Formulierung, die im Stellenteil der Presse mit der ermüdenden Regelmäßigkeit einer ungeliebten Jahreszeit auftaucht. Schon vor langer Zeit habe ich die Hoffnung endgültig aufgegeben, daß der größte Teil der Inserenten selbst bemerkt, wie ausgeleiert und gleichermaßen nichtssagend der Spruch vom unternehmerischen Denken ist.

Erneut stellt sich das Problem einer vernünftigen, nachvollziehbaren Determination der Bedeutung, welches auch hier nur unzulänglich oder gar nicht gelöst werden kann. Selbst ohne gehobene Ansprüche an sprachliche Logik kann der Durchschnittskonsument die berechtigte Frage stellen, ob es sich beim „unternehmerischen Denken" nicht von vornherein um Verbalmüll handelt, der für immer aus dem Verkehr gezogen werden müßte. So kann man schließlich ohne Zweifel viel oder eher weniger denken, die einen denken schneller, die anderen eben etwas langsamer. Aber wie, es möge mir bitte verständlich erklärt werden, denkt man unternehmerisch?

Doch um diese Fundamentalüberlegung nicht zu weit zu treiben, zurück zu dem, was eventuell wirklich darunter verstanden werden könnte.

Keine Frage: Der Mitarbeiter, der sabotiert, der betrügt,

der unterschlägt, der Kollegen mobbt oder auch nur ganz einfach keine Lust zum Arbeiten hat (diese soll es auch geben), wird sich kaum dem Vorwurf ausgesetzt sehen, zur Gründerversammlung der „unternehmerisches Denken-Bewegung" gehört zu haben.

Aber wer denkt jetzt unternehmerisch? Ist es vielleicht der Mitarbeiter, der Wert legt auf höchste Ausbringungsmenge und dabei deutlich mehr Ausschuß in Kauf nimmt? Oder ist es eher der Arbeiter, der mit höchster Persistenz beste Qualität abliefern will, auch wenn er dadurch naturgemäß etwas langsamer wird? Wollen wir wirklich dem Betriebsleiter unternehmerisches Denken unterstellen, der seine Mitarbeiter bis zum letzten Blutstropfen ausquetscht, um sich seinerseits bei seinen Vorgesetzten in besonders hellem Licht sonnen zu können, auch wenn dabei die kleinsten Reste von Humanität auf dem Altar der Effizienz geopfert werden? Oder sollten wir doch dem Abteilungsleiter mehr unternehmerisches Denken unterstellen, der sich als Mentor seiner Mitarbeiter versteht, der das höchste Ziel wirtschaftlichen Handels im Erzielen von Vorteilen für alle Seiten sieht, also positive Ergebnisse für das Unternehmen, die Mitarbeiter und die Marktgegenseite erreichen möchte?

Somit ist der Inhalt dessen, was man unter besagtem unternehmerischen Denken verstehen kann, wie so oft im Leben eine Frage des persönlichen Standpunkts, viel zu individuumsabhängig, als daß man die Forderung danach unkommentiert in einer Stellenanzeige plazieren könnte. Natürlich besteht jedoch die Möglichkeit, hinter der ausdrücklichen Suche nach einem unternehmerisch denkenden Menschen den legitimen und einfachen Wunsch zu sehen, einen schlichtweg motivierten und engagierten Mitarbeiter zu finden, doch ist dieser Wunsch so selbstverständlich, daß eine gesonderte Erwähnung der gewünschten Denkstruktur gänzlich überflüssig ist, nicht zuletzt auch deshalb, weil sich anders ausgerichtete Personen hiervon ohnehin ganz bestimmt nicht beeindrucken lassen und ihre Bewerbung dennoch abschicken.

Doch neben alldem gibt es einen Satz, der als der seit Jahren unumstößliche Höhepunkt beim Lesen einer Stellenanzeige bezeichnet werden muß: „Den versierten Umgang mit den MS-Office-Anwendungen setzen wir voraus." Halleluja noch eins! Hätte Bill Gates gewußt, daß er durch die Gründung von Microsoft Jahrzehnte später dem Zeitungsleser Schmerzen verursacht, weil dieser diesen Satz immer und immer wieder über sich ergehen lassen muß und ihm wehrlos ausgeliefert ist, nun, Gates hätte mit seinem Genie in seiner Garage mit absoluter Sicherheit etwas anderes erfunden, zumal er nicht nur den Intellekt, sondern auch die Kultur für andere Dinge gehabt hätte und noch immer hat.

Ich muß zugeben: Ich gehöre zu der winzigen Gruppe von Menschen, die an dieser neuzeitlichen Form des Analphabetismus „leidet", sprich die mit dem Computer nichts, aber auch wirklich restlos gar nichts anfangen kann. Doch andererseits leiste ich mir den nach meinem Empfinden gar nicht so skurrilen Anachronismus, auf diese Bildungslücke stolz zu sein, auch wenn sie für viele, mitunter selbst einfachste Tätigkeiten disqualifiziert.

Man muß die Frage stellen dürfen, ob wirklich PC-Kenntnisse zur unumgänglichen Basis für Erfolg hochstilisiert werden müssen. Anders ausgedrückt: Haben wir unsere Arbeitsabläufe in allen Bereichen so standardisiert und so um diese alberne Rechenmaschine herumgebaut, daß wir ohne sie nicht mehr arbeits- oder gar lebensfähig sind? Kann und muß es sich ein Unternehmen deshalb beispielsweise leisten, einen begabten Juristen, Kreativen, Verkäufer etc. deswegen nicht einzustellen, weil dieser seine Zeit für zu schade erachtet, um sie vor einem phantasielosen, öden Monitor zu verbringen? Haben wir uns in so bedingungslose Abhängigkeit von diesem einen Werkzeug begeben oder hineinmanövrieren lassen, daß dessen Beherrschung wichtiger wurde als beispielsweise eine so wenig beachtete Tugend wie die Denkfähigkeit des Menschen? Noch nie las ich in einer Anzeige den Satz „Den versierten Umgang mit Ihrem Gehirn setzen wir voraus.". Wen interessiert das auch schon?

Doch gibt es, dies soll nicht vergessen werden, auch mehr und mehr gute Ansätze bei der Zusammenstellung eines Anforderungsprofils für einen neuen Mitarbeiter.

Als Beispiel sei die Kommunikationsfähigkeit genannt, die sich einen festen Platz in der Liste der Wünsche an einen neuen Mitarbeiter gesichert hat. Im Grunde sollte danach nicht gefragt werden müssen, schließlich kommunizieren wir alle jeden Tag, privat wie auch beruflich. Dennoch scheint der explizite Wunsch nach einem Mitarbeiter, der sich sowohl mündlich als auch schriftlich einigermaßen angemessen ausdrücken kann, heute sinnvoller und verständlicher denn je. So habe ich selbst während einer Tätigkeit an einer Berufsschule feststellen müssen, welch eklatante Defizite im

Umgang mit Sprache junge Leute, die heute am Übergang vom Schul- zum Berufsleben stehen, zu bewältigen haben. Ein Problem, welches sich wahrlich nicht nur auf Schüler und Auszubildende ausländischer Herkunft bezieht.

Sogar hochakademisierte, hochqualifizierte Menschen scheinen bisweilen – selbst ohne die zurückliegenden Wirren der Rechtschreibreform, deren Schöpfer ihre Zeit besser für ein paar gute Gläser Wein genutzt hätten – verwunderlicherweise nicht vermutete Schwierigkeiten mit insbesondere geschriebener Sprache zu haben. Zwar ist das von Führungskräften häufig zu hörende Argument, sie würden nicht für das korrekte Setzen von Kommata bezahlt werden, ebenso verständlich wie richtig, dennoch sollten auch diese Personen bei einer temporären Nichtverfügbarkeit ihrer Sekretärin in der Lage sein, einen Geschäftsdreizeiler anzufertigen, mit dem sie sich beim Empfänger nicht unmittelbar der grenzenlosen Lächerlichkeit ausliefern. Leider sind sie es oft genug nicht.

Doch je höher die Aufgabe angesiedelt ist, desto mehr Gewicht wird mit Recht auch auf die mündliche Kommunikationsfähigkeit gelegt, die insbesondere im Anleiten von Mitarbeitern von erheblicher Relevanz ist. Hierbei ist die Sprache einerseits ein probates Mittel zur Erlangung von Souveränität (womit natürlich nicht die Aktivierung von Dezibelreserven gemeint ist), andererseits ist die Fähigkeit, den „richtigen Ton" zu treffen, das wohl wichtigste Werkzeug, um bei seinem Gegenüber den gewünschten Effekt zu erzielen, eine Erkenntnis, die sich nicht nur auf das Mitarbeiter-, sondern ganz besonders natürlich auch auf das Kundengespräch beziehen und dort entsprechend anwenden läßt. In einer zusehends dienstleistungsorientierten Wirtschaftsgesellschaft, in der der Umgang mit dem Menschen gegenüber jenem mit Maschinen zunehmend an Bedeutung gewinnt, wird Kommunikationsfähigkeit demzufolge in der Tat immer wichtiger.

Eine glücklicherweise ebenfalls mit zunehmender Frequenz eingeforderte Eigenschaft ist die soziale Kompetenz. Doch läßt es sich leider auch hier nicht vermeiden, zunächst nach einer wenigstens ansatzweise allgemein akzeptablen Bedeutung dieses Elements des „Portfolios Mensch" zu fragen. Wer ist sozial kompetent? Sicherlich dürfte das Ausschlußverfahren ein hilfreiches Mittel sein, sich dieser Frage zu nähern. Demzufolge wird der an fortgeschrittenem Narzißmus leidende Bilderbuchegoist kein Lehrmeister für feinziselierte Sozialkompetenz sein. Auch Mitarbeiter, die den Mobbing-Gedanken als billiges Mittel zur Erheiterung am Arbeitsplatz nicht aus ihrer fragwürdigen Geisteswelt löschen können, müssen nicht unbedingt als Besitzer besonderer sozialer Kompetenz betrachtet werden.
Dagegen muß diese Eigenschaft unbedingt beispielsweise jenen Führungskräften attestiert werden, die es verstehen, Konflikte gekonnt und sachlich zu einem fertilen Ergebnis zu führen, Stärken anderer gewinnbringend zu nutzen, aber gleichermaßen Schwächen zu erkennen und mit dem Mitarbeiter gemeinsam daran zu arbeiten. Andererseits ist es jedoch auch ein Ausdruck sozialer Fähigkeiten, erkennbar nicht integrationsfähige oder auch nicht integrationswillige Menschen mit aller Konsequenz aus dem Unternehmen zu entfernen beziehungsweise gar nicht erst einzustellen, auch wenn es sich fachspezifisch um Spitzenkräfte handeln sollte. Bildlich gesprochen: Auch der beste Hochleistungsmotor ist

deplaziert, wenn er mit der Struktur des Autos, in welches er eingebaut werden soll, nicht kompatibel ist und dieses auf Dauer zerstört.

Somit ist die soziale Kompetenz, auch wenn das Verständnis derselben im einzelnen verwirren mag, letztlich *die* Schlüsselqualifikation auf allen Hierarchieebenen des Unternehmens, die höher als fachlich-methodische Fertigkeiten, welche unbestreitbar erheblich einfacher zu erlernen sind, bewertet werden muß. Nur wer versteht, daß das Funktionieren eines Unternehmens, völlig unabhängig von der Marktsituation, nur durch ein Miteinander, niemals aber durch ein Gegeneinander gewährleistet werden kann, darf in ein Unternehmen aufgenommen werden oder dort verbleiben, was selbstverständlich nicht als Plädoyer gegen den positiven Konkurrenzgedanken mißverstanden werden soll.

Folgerichtig werden also sowohl Kommunikationsfähigkeit als auch soziale Kompetenz mit aller Berechtigung von Personalsuchenden eingefordert. Diese sehen sich jedoch auch hier dem Generaldilemma der Unternehmensseite gegenüber: Welcher Bewerber wird freiwillig von sich behaupten, diesen Ansprüchen nicht gerecht zu werden?

Damit ist auch das regelmäßige Eingliedern dieser beiden Elemente in ein in einer Stellenanzeige zum Ausdruck gebrachtes Anforderungsprofil, welchem der Idealbewerber doch bitte entsprechen sollte, als, pardon, gewaltiger Mumpitz zu bezeichnen. Leider.

Dennoch: Ich wünsche auch in Zukunft viel Spaß beim Lesen von Stellenanzeigen!

„So hetzen Sie uns doch nicht so!
Wir sind hier beim Arbeiten
und nicht auf der Flucht!"

Allüren in der Arbeitswelt

Ein Abschnitt, welcher eigentlich kurz gehalten werden könnte, doch dafür viel zuviel Raum für entspannenden Humor zu bieten vermag.

Beginnen möchte ich mit dem Allerheiligsten, dem Tabernakel der persönlichen Ehre, dem einzigen Besitzstand, den die allermeisten Mitarbeiter vom Mann, der den Boden aufwischt, bis hinauf zum Vorstand mit letztem Einsatz und unter Aufbietung aller zur Verfügung stehenden Kräfte bis zum bitteren Ende zu verteidigen und zu schützen bereit sind: der fest angestammte, mit dem Odem der Unantastbarkeit versehene, als privates Eigentum betrachtete Parkplatz, mühsam erarbeitet oder auch durch das Ableben des Vorbesitzers geerbt und über die Jahre hinweg immer näher zur Eingangstür der Fabrik gewandert, manchmal auch nur überaus prestigeträchtig näher zum Parkplatz des Geschäftsführers, dieser rund zehn Quadratmeter große Ausdruck des Aufstiegs und der Anerkennung, der Thron, der mit einem weiteren Symbol der Größe, dem Automobil, bestiegen wird und somit erst in Kombination mit dem fahrbaren Untersatz das allmorgendliche, joviale Showdown-Erlebnis gegenüber dem Parknachbarn ermöglicht, jenem Verlierer, der sich – *ätsch* – 2,5 Meter weiter unter der blendenden Morgensonne oder unter strömendem Regen hindurch, manchmal, dies ist dann die besondere Freude, sogar durch eklig feuchten Schnee quälen muß, um am Ende dieser täglichen Rennbahn der Eitelkeit das erlösende Vordach zu erreichen, unter dem man selbst sich bereits seit drei Sekunden, natürlich nicht ohne süffisantes

Grinsen, aufhält, um endlich seinem Mitleid freien Lauf lassen zu können.

Gut zu verstehen, daß eine hierarchische Demontage des speziellen Mitarbeiters diesem wohl weit weniger übel aufstoßen würde als eine Zurückversetzung um fünf Parkplätze.

Doch ist dies sicherlich keine neuzeitliche Erscheinung, da vermutlich schon im Wilden Westen nur die wichtigsten Cowboys ihr Pferd ganz vorne an der Eingangstür des Saloons parken durften. Der Unterschied zur glorreichen Vergangenheit liegt wohl lediglich darin, daß eine Mißachtung der in Stein gemeißelten Parkhackordnung, also jenes ungerechtfertigte, unerlaubte Benutzen des „eigenen" Parkplatzes durch einen anderen, dieses geradezu blasphemische Vergehen an Recht und Ordnung, früher wahrscheinlich kurzerhand in einem mit dem Revolver ausgetragenen Duell aus der Welt geschafft wurde, was den bedeutenden Vorteil mit sich brachte, sehr schnell wieder zur Tagesordnung übergehen zu können.

Heute gestaltet sich das Ahndungsverfahren dagegen weitaus aufwendiger, langwieriger, scharfsinniger. Das Prozedere beginnt zunächst mit dem Einparken des Delinquenten durch ein Abstellen des eigenen Fahrzeuges, welches möglichst doch bitte wenigstens eine Nummer größer sein sollte, in zweiter Reihe, um den Sünder dingfest zu machen, auch wenn es dadurch gegebenenfalls zu weitgreifenden Störungen des gesamten Werksverkehrs kommt. *Unerheblich! Es geht ums Prinzip!* Danach erfolgt der mit besonderem Tempo absolvierte Gang zum eigenen Telefon, denn es muß Druck in die Angelegenheit kommen, wobei man, bei aller Eile, dennoch die Zeit findet, jedem zufälligen Passanten auf dem Weg ins Büro von dem Schicksalsschlag, der einen zu früher Stunde ereilt hat, ausführlich und mit zornverzerrtem Gesicht zu berichten. Jetzt die Telefongespräche: eines mit dem Betriebsratsvorsitzenden, eines mit dem Personalleiter, eines mit dem (vermuteten) Vorgesetzten des Bösewichts und eines mit dem Mann vom Werkschutz, der mal wieder nicht ordentlich aufgepaßt und somit das Verbrechen erst ermöglicht hat, sich nun aber wenigstens drohend in der Nähe des Tatfahrzeugs postieren soll. *Jawohl! Das müßte reichen!* Nun muß der in seinen Rechten Beschnittene schnellstmöglich zu seinem Auto zurück, um beim Eintreffen des Parkchaoten mit verschränkten Armen und leichtem Kopfschütteln am eigenen Auto lehnen zu können. Et voilà: Da ist er, dieser Moment des uneingeschränkten Genusses, des Sieges, des Kurzurlaubs der eigenen Seele: Unter Zeugen wird der „private" Parkplatz geräumt, der Putschversuch ist gescheitert. So müssen sich die großen Heerführer der Geschichte gefühlt haben, wenn sie erfolgreich aus einer Schlacht hervorgingen!

Ein von mir sehr geschätzter Lehrer vertrat schon vor vielen Jahren die Meinung, daß der Mensch, wenn er denn nicht mehr Kind wäre oder sein dürfte, tot sei. Heute weiß ich endlich, was genau er damit meinte.

Übrigens: Auch ich habe mich während der Praxisphasen meines Studiums aufgrund meines virulenten Charakters hin und wieder als Parkrevoluzzer versucht, interessanterweise ohne Folgen, wenn ich die neue, große Limousine meines Vaters auf den Parkplatz eines der Wichtigen parkte – sie hätte ja eventuell das Automobil eines noch Wichtigeren sein können, und niemand wollte sich die Finger verbrennen. Doch wehe, wenn ich das mit meiner 20 Jahre alten Studentengurke machte …!

Doch haben die täglich zu beobachtenden Parkplatzaus-
einandersetzungen eine durchaus positive Auswirkung auf
das Beschäftigungsniveau im Lande: Man denke nur, wieviel
Arbeitszeit täglich zusätzlich mit sinnvollen Tätigkeiten aus-
gefüllt werden müßte, würde dieser essentielle Streitpunkt
eliminiert werden. Freisetzungen wären womöglich unausweichlich.

Doch gehört, wie weiter oben schon angesprochen, zur
Betrachtung des Parkplatzes unabdingbar auch die des
dazugehörigen Automobils, wobei ich mich hier auf den
Dienstwagen beschränken möchte, jenem ultimativen Sym-
bol des karrieristischen Durchbruchs, sofern man kein Au-
ßendienstmitarbeiter ist, der den Dienstwagen als tägliches
Arbeitsgerät benutzen muß.
Was wäre, um Himmels willen, der erfolgreiche, angese-
hene, hochbezahlte Mitarbeiter, würde man ihm seinen
schicken Firmenwagen wegnehmen? Er wäre vernichtet, nur
noch ein schmuckloses Derivat seiner selbst, kaum eines
Morgengrußes wert. Schließlich macht so eine automobile
Auszeichnung eine nicht zu übersehende Aussage: „Mein
Unternehmen mag mich!" Die Entfernung des Geschäfts-
autos käme einer fatalen Degradierung vom Oberst zum
Gefreiten gleich …
Nicht daß man sich seine neue Blechkalesche nicht auch
selbst leisten könnte – darum geht es gar nicht, zumal die
Dienstdroschke auch aus steuerlicher Hinsicht gar nicht
so übertrieben attraktiv ist. Aber der Besitzer darf sich in
der Riege der Dienstwagenfahrer sehen, und das können
nicht die Unwichtigen im Unternehmen sein. Dies muß der
Grund dafür sein, warum, würden die Unternehmen den

geldwerten Vorteil, den die entsprechenden Mitarbeiter aus
der Bereitstellung eines Dienstwagens entnehmen, alternativ in Form einer Gehaltserhöhung anbieten, sich der größte
Teil der angesprochenen Angestellten ohne zu zögern für
das Auto entscheiden würde.

Warum jedoch in den letzten Jahren der dunkel lackierte
Kombi mit Dieselaggregat einen beeindruckenden Siegeszug als Firmenwagen angetreten hat, müssen später einmal
Forscherteams aus Soziologen und Historikern ergründen,
denn ein Ausdruck besonders guten Geschmacks kann
diese Entwicklung zweifellos nicht sein. Aber wenigstens
erklärt der Antrieb nach dem Prinzip von Rudolf Diesel den inzwischen fast hundertprozentigen Verzicht auf
Typenbezeichnungen am Geschäftsauto, denn während
noch vor gut einer Dekade auf den Abteilungsleiterparkplätzen das eine oder andere stolze 528i oder auch ein E
280 zu lesen war, verstecken sich die heutigen TDIs und
CDIs verschämt im Schleier der Anonymität. Verständlich,
denn welcher bedeutende Bonvivant unter den leitenden
Mitarbeitern möchte sich schon freiwillig und öffentlich
zum kleinvolumigen Nutzfahrzeugantrieb in seinem edlen
Boliden bekennen?

Doch hat das Automobil als Ausdruck von Wichtigkeit
und Bedeutung in unserer Zeit in Anbetracht anderer
Artikulationsmöglichkeiten zunehmend Konkurrenz bekommen und an Bedeutung verloren. Wer als Mitarbeiter heute etwas auf sich hält, wird nicht müde, auf seinen
respekteinflößenden Terminkalender zu verweisen, der
bis zum (inzwischen natürlich elektronischen) Rand gefüllt
ist mit Veranstaltungen wie Seminaren, Tagungen, Fortbil-

dungen oder gar sogenannten – man hört es immer wieder gerne – „Workshops", auch wenn diese potentiell noch so unnütz sind. Man wird hingeschickt, man ist dabei, man ist – ich wiederhole mich gerne – wichtig, ganz besonders, wenn die Teilnahme an diesen Dingen mit einer Dienstreise verbunden ist, die, letztlich jedem normalen Menschen im Grunde lästig, in diesem Zusammenhang ganz beträchtlich an Attraktivität gewinnt.

Dabei liefert das Benehmen der Teilnehmer von solchen Veranstaltungen, ganz besonders wenn es sich hierbei um externe Seminare oder Weiterbildungsmaßnahmen handelt und sich der dorthin befohlene Personenkreis aus verschiedenen Unternehmen rekrutiert, eine ebenso vielseitige wie amüsante Spielwiese für Verhaltensforscher, wobei das für den außenstehenden Betrachter mit sicherlich großem Abstand Interessanteste die Pausen sind.

Wozu wurden Pausen in vergangenen Zeiten benutzt? Nun, im allgemeinen war die Pause in früheren Epochen eine adäquate Gelegenheit zur Einnahme vielleicht eines feinen Käsebrötchens, auch eine Tasse Kaffee war meist ein willkommenes Mittel zur Steigerung des persönlichen Wohlbefindens. Dazu war die Pause eine wunderbare Möglichkeit, mit den anderen Teilnehmern auch auf privater Basis ein wenig ins Gespräch zu kommen. Möglicherweise war in vielen Fällen der „Small Talk" unter Fremden in der Peripherie der Veranstaltung gar das Wertvollste bei derartigen Terminen überhaupt. Schließlich konnte, dies muß ebenfalls genannt werden, die Pause für den profanen Gang zur Toilette, zu dem uns die Natur nun einmal traditionell zwingt, genutzt werden, ohne sich automatisch der Anscheinsvermutung des persönlichen Zeitüberflusses infolge nicht ausreichender Arbeitsbelastung auszusetzen.

Heute hat sich dies – um jene recht banale Worthülse einmalig zu verwenden – *nachhaltig* verändert.

Zunächst ist in diesen Tagen für die sinnvolle Pausengestaltung als Grundausstattung das Handelsblatt zu nennen, welches mitzuführen sich jeder Veranstaltungsteilnehmer bitte schön moralisch verpflichtet fühlt. Dieses Medium erhält selbst auf einem Schreibtisch, der sogar für die wirklich benötigten Unterlagen noch zu wenig Platz offeriert, stets die prominenteste Plazierung. Der Grund hierfür liegt ganz einfach in der wichtigen Aussage, die das ausgestellte Handelsblatt macht: „Achtung! Hier sitzt ein informierter Mensch. Legt Euch nicht mit mir an, ich weiß es sowieso besser!" Auch wenn besagtes Handelsblatt wider Erwarten den ganzen Tag nicht berührt werden sollte, so gehört es einfach dazu und rechtfertigt die Investition allemal durch seine bloße Existenz. Übrigens: Sollte am Kiosk unglücklicherweise kein Handelsblatt mehr verfügbar sein, so besteht kein Grund für ungebremste Panik, denn eine Capital-Ausgabe reicht in der Regel auch.

Doch ich schweife zu sehr ab, zurück zu den Pausen. Bereits ohne den prüfenden Blick auf den Zeitmesser am Arm wird jedem Teilnehmer rechtzeitig klar, wann die nächste Unterbrechung zu erwarten ist, denn dem verblüfften Beobachter fällt schon Minuten vorher auf, wie mit ganz beiläufiger Selbstverständlichkeit die Laptops (oder nennt man sie inzwischen flächendeckend „Notebooks"?) einsatzbereit gemacht werden, sofern sie nicht schon bereits in der ersten Startreihe neben den Handelsblättern auf den Tischen liegen. *Ätsch. Meines hat mehr Gigabyte als deines. Pfui! Schäme dich!* Der nächste Schritt ist das Hervorfrickeln und Bereitlegen der Handys, dieser Geräte, deren epidemische Verbreitung dem Puristen schon seit längerem den eindeutigen, unumkehrbaren Untergang der abendländischen Kultur zu signalisieren vermag. Dabei sind die Fortschrittlichsten der Fortschrittlichen ohne weiteres bereit, das Handy mit einem drahtlosen Kopfhörer zu kombinieren, auch wenn bei dessen Montage sich einerseits die Damen die Frisuren ruinieren, während andererseits die Herren wegen feinmotorischer Ungeschicktheiten Schäden an ihren Brillen davontragen. Spielt alles keine Rolle, denn so, nur und ausschließlich so lassen sich Laptop, Handy und Handelsblatt gleichzeitig bedienen – was für eine Deklaration persönlicher Bedeutung! Doch nun endlich, endlich kommt die erlösende Entlassung in die Pause durch den Seminarleiter.

Ding dong: Das Spiel beginnt!

Eingeleitet wird das Pausenkabarett durch den engagierten und von fiesen Überholmanövern begleiteten Hochgeschwindigkeitslauf auf die besten Stehplätze im Vorraum oder Flur mit genügend Platz für die so dringend benötigten Utensilien. Nun erfolgt das beschleunigte Hochfahren des Laptops, welches nebenbei dennoch ausreichend Zeit für die Abfrage der wichtigsten Kurznachrichten auf dem Mobiltelefon bietet. Die Besten der Besten schlagen dabei sogar tatsächlich noch ihre Zeitung auf. Doch es kommt, wie es kommen muß: Nach etwa 15 Minuten wird diese Oase der arbeitsamen Glückseligkeit durch einen ebenso unpassenden wie jähen Rückruf in den Seminarraum unterbrochen. Der nun regelrecht ins Schwitzen geratene Pausennetworker wird ungehobelterweise gezwungen, seine Geschütze wieder einzufahren und den Rückzug anzutreten. Doch nachdem er sich wieder gesetzt hat, wird ihm im Bewußtsein, seine Blase während der nächsten 90 Minuten im Dienste seines Unternehmens unter heftigsten Schmerzen beträchtlich zu überdehnen, eines wieder uneingeschränkt klar: Er ist der einzig wahre Kamikaze des 21. Jahrhunderts. Petri Heil!

Lächerlich. Einfach lächerlich.

2 Das moderne Management

Der unbedingte Glaube an die Innovation

Hätte ich persönlich ein Mitspracherecht bei der Wahl des Unworts des 20. beziehungsweise 21. Jahrhunderts, so könnte ich meine Entscheidung ganz schnell und eindeutig treffen: Es wäre das Wort „Innovation". Keine Tageszeitung, kein Wirtschaftsmagazin, keine Automobil-, Computer- oder auch Kosmetikfachzeitschrift ist mehr in der Lage, auch nur noch eine Ausgabe ohne dieses offensichtlich zum Aphrodisiakum erhobene Sprachgeschöpf auf die Beine zu stellen. Keine Podiumsdiskussion beliebigen Themas im Fernsehen, kein Wahlkämpfer und erst recht kein Werbeprospekt kommt mehr ohne dieses ehemals wohl schmückende, inzwischen aber doch eher degoutante Beiwerk aus.

In der Kurzfassung des Geschäftsberichts der DaimlerChrysler AG für das Geschäftsjahr 2001 las ich auf Seite 18 erstmals in meinem Leben gar von „Innovationskalender" und „Innovationsplan" sowie von „Innovationsprojekten", wobei ein gewisser Jürgen E. Schrempp bereits auf Seite 7 derselben Veröffentlichung in seinem Brief des Vorstandsvorsitzenden „innovatives Denken" zu den Schlüsselqualitäten rechnet, die für die Bewältigung der Zukunft von besonderer Bedeutung sind.

Wenn wir Menschen nun also tatsächlich dazu genötigt werden, selbst in der Welt unserer Gedanken innovativ zu sein, wenn es demzufolge also nicht mehr reicht, nur innovative

Produkte zu kaufen, so ist es sicherlich kein Fehler, sich über die genaue Bedeutung dieses geflügelten Wortes und des dazugehörigen Adjektivs oder Adverbs zu informieren. Eine erste Befragung meines Freundeskreises führte zu keinem greifbaren Ergebnis, da die Anzahl der verschiedenen Antworten sich nur marginal von der Anzahl der befragten Personen unterschied. Also blieb mir nur, mein Wörterbuch aufzuschlagen, welches lediglich Informationen zum Substantiv liefern konnte. Demnach ist das Wort „Innovation" lateinischen Ursprungs und bedeutet schlicht „Verjüngung". Somit liegt es nahe, die Beifügung „innovativ" mit „verjüngend" gleichzusetzen. Keine der von mir befragten Personen dachte auch nur ansatzweise an „Verjüngung".

Sollte es damit das erklärte Ziel der höchsten Führungsebene des DaimlerChrysler-Konzerns gewesen sein, tatsächlich eine Verjüngung im Unternehmen nach Plan oder Kalender durchzuführen, respektive zu projektieren? Oder hat hier nur ein Wort fernab seiner ursprünglichen Bedeutung eine steile und gleichwohl unheilvolle Karriere gemacht?

Ich gebe zu: Die Fragestellung ist unerheblich und somit rein akademischer Natur. Aber was zwingt nun die Unternehmen und somit ihre Steuerungsorgane zu diesem offensichtlich unumgänglichen Innovationsdrang? Anders gefragt: Was bringt uns diese alles erdrückende Flut von immer neuen Innovationen (oder eben dem, was Ottonormalverbraucher darunter versteht)? Schließlich waren wir alle noch nie so innovativ wie heute. Aber wozu hat all das geführt?

Es läßt sich auf diese Frage eine formidable Liste mit Fehlentwicklungen zusammenstellen, die, würden wir uns noch im 17. Jahrhundert befinden, zweifellos zum Tode des Verfassers durch das Verbrennen auf dem Scheiterhaufen infolge eines schweren Vergehens der Ketzerei geführt hätte.

So wären beispielsweise als Begleiterscheinungen der Innovationsgesellschaft folgende Punkte zu nennen:

- Eine katastrophale Massenarbeitslosigkeit, die niemals wieder völlig beseitigt werden kann.
- Automobile, die in den seltensten Fällen noch vom Verkäufer, jedoch praktisch nie mehr vom Käufer vollständig bedient werden können, dafür aber mit in 120 Jahren Automobilbau nie dagewesener Frequenz Rückrufaktionen zum Opfer fallen, da viele „wichtige" Neuerungen als Folge des gewaltigen Innovationsdrucks nicht mehr marktgerecht fertigentwickelt werden (können).
- Alltägliche Geräte des Haushalts vom Fernseher bis zur Waschmaschine, die bisweilen ohne Ingenieursstudium kaum noch benutzt werden können.
- Flugzeuge, deren im Lastenheft dokumentierter Innovationsgehalt selbst fähigste Techniker derart hoffnungslos überfordert, daß es zu jahrelangen Auslieferungsverzögerungen kommt (Claude Dornier, Willy Messerschmitt und Hugo Junkers würden sich vermutlich über das Airbus-A380-Debakel, welches natürlich in erheblichem Umfang auch den Standort Deutschland betrifft, zu Tode amüsieren).
- Kinder und Jugendliche, die auf Basis des vorgelebten Innovationswahns schon in frühen Jahren größten

Wert auf das multifunktionalste Mobiltelefon legen, aber als Fünfzehnjährige das richtige Sprechen und Schreiben noch immer nicht erlernt haben.

- etc., etc.

Sicher, diese Aufstellung klingt geradezu provokant plakativ. Genau das soll sie auch. Natürlich höre ich sie schon, die Stimmen, die energisch darauf hinweisen, daß die Zahl der Arbeitslosen ohne den erhöhten Innovationsdruck, den die Führungsmannschaften der Unternehmen auf ihre Mitarbeiter ausüben, noch erheblich höher wäre, da man nur so konkurrenz- und überlebensfähig bleibt. Mag sein, aber läßt sich das einwandfrei beweisen?

Das Airbus-Beispiel führt, auch wenn es hier, wie es scheint, gerade noch mal gutging, ganz deutlich vor Augen, wie schnell eine zunächst als herausragend empfundene Innovation zum gefährlichen Stolperstein für das gesamte Unternehmen und dadurch auch zum Arbeitsplatzvernichter werden kann, wenn solch ein entwicklungsintensives Projekt denn tatsächlich scheitern sollte. Gleichermaßen kann, um einen weiteren Denkansatz zu liefern, unter Umständen auch gefragt werden, ob der Weltmarkt dauerhaft an hochgerüsteten und auch entsprechend sensiblen Fahrzeugen mehr Interesse haben wird als an solchen, die mit Funktionssicherheit und überschaubarer Technik überzeugen.

Überhaupt zeigt der Bereich der hauptsächlich für den Endverbraucher konzipierten Gebrauchsgüter besonders anschaulich, wie sich der gegenwärtige Innovationszwang selbst ad absurdum führt.

Reichte noch für das erste Auto meines Vaters, ein Mittelklassewagen aus den Sechzigern, eine Betriebsanleitung von ganzen 16 Seiten, so können es bei einem modernen Fahrzeug gleicher Größe ohne weiteres deren 500 und mehr sein, denn Kommunikations-, Navigations- und Audiosystem sowie Klimatisierungsautomatik wollen bedient sein. Selbstverständlich kann aber auch ein neues Auto letztlich nur fahren. Haben wir uns vorwärts- oder doch eher rasant zurückentwickelt?

Diese Frage stellte ich mir nicht nur beim letzten Autokauf, sondern auch nach der Lieferung einer neuen Einbauküche. Was denkt sich nur eine Unternehmensführung, wenn sie es zuläßt, daß ihre Mitarbeiterschaft einer neuen Küche, auch wenn deren Geräte noch so modern und innovativ sind, 750 (in Worten: siebenhundertfünfzig) Seiten Betriebsanleitung bei der Auslieferung beilegt? Ich habe meinen Hunger am Tag der Lieferung bei der Schnellrestaurantkette mit dem großen, goldenen M gestillt.

Nach meinem Dafürhalten sollte ein durchschnittlich intelligenter Mitteleuropäer mit einer Hilfestellung von maximal 10 Seiten seine Küchengeräte begreifen können, statt dessen sehen die Hersteller einen Erklärungsbedarf, dessen Umfang wohl in naher Zukunft jenen des Alten Testaments zu egalisieren trachtet, womit die Firmen ihren eigenen Produkten selbst ein überwältigendes Zeugnis nahezu vollständiger Unbrauchbarkeit ausstellen.

Ich habe übrigens beschlossen, nie eine moderne Stereoanlage oder ein entsprechendes TV-Gerät zu erwerben.

Um Fehlinterpretationen zu vermeiden: Niemand kann wirklich Interesse daran haben, die Zeit zurückzudrehen.

Kein seiner geistigen Kräfte mächtiger Mensch möchte „zurück auf die Bäume" und wieder seine Nahrung mit einem Stein erlegen. Wahrlich nicht. Doch was wir heute erleben, was uns also heute an Produkten von den Unternehmen geboten wird, ist nichts anderes als eine in weiten Teilen völlig sinnlose, geradezu schizoide Verkomplizierung unseres Lebens, ein, wenn man so will, technologischer Turmbau zu Babel, der täglich unüberschaubarer wird und eine Eigendynamik entwickelt hat, die nicht ohne Folgen bleiben wird und den denkenden Menschen zunehmend beunruhigen muß.

Es sollte somit in den verantwortlichen Führungsetagen begriffen werden, daß Technologie im Sinne der neuzeitlichen Verwendung des Wortes nur dann als *innovativ* bezeichnet werden kann und darf, wenn sie den Menschen unterstützt und beschützt, ohne ihn zu belasten. Bildlich gesprochen: Niemand möchte und niemand soll bei seinem Fahrzeug auf so sinnvolle Dinge wie ABS und Airbag verzichten müssen, wenn aber zur Nachjustierung der Heizung zunächst ein „Menü" durchforstet werden muß, wird die Vernunft sehr schnell von der Idiotie rechts überholt.

Wenn der unbedingte Glaube an die Allheilwirkung von Innovationen zum Selbstzweck mutiert, der nach und nach immer mehr Menschen im privaten wie im beruflichen Leben wegen Überforderung ausgrenzt, mehr Probleme schafft als löst, müssen wir rasch damit beginnen, die sicherlich philosophisch angehauchte Frage nach dem Sinn zu stellen.

Doch ist es bei genauerer Betrachtung unfair, um nicht zu sagen sogar falsch, die Verantwortung für den Fortschrittswahn allein bei den Unternehmen zu suchen.

Der Geschäftsführer eines Betriebes läßt schließlich nur die Dinge von seinen Mitarbeitern entwickeln und produzieren, die ihm geeignet erscheinen, einen Platz im Markt zu finden. Andernfalls würde das Unternehmen nicht sonderlich lange produzieren, was eine mathematisch-marktwirtschaftliche Binsenweisheit ist. Demnach, man muß es leider so sagen, trifft die Hauptschuld uns, die Verbraucher. Warum kaufen wir Dinge, die niemand bedienen kann, mit ungezählten Funktionen, die niemand braucht? Warum sind wir so grenzenlos naiv, uns Bedarfe einreden zu lassen, wo gar keine sind? Ist der Intellekt der Marketingstrategen in den Unternehmen dem unseren derart überlegen, daß wir blauäugig alles kaufen, was mit entsprechendem Aufwand präsentiert wird, auch wenn es sich um eine noch so sinnfreie Innovation handelt?

Es scheint fast so, denn wir Kunden wollen mindestens genauso innovativ sein wie die Anbieter, und schließlich ist der Mensch ein Herdentier, was erschwerend hinzukommt, denn wenn es alle kaufen, muß *ich* es auch haben, um en vogue zu sein. Verhaltensmuster, die bereits im Sandkasten beobachtet werden können, verfolgen uns offensichtlich ein Leben lang.

Doch einen Lichtschein im Dunkel des Innovationstunnels glaube ich trotzdem gesehen zu haben: Ich habe von Handys gehört, die offensichtlich tatsächlich nur zum Telefonieren da sind und ohne weitere Einweisung auch für Wählscheibentelefonliebhaber bedienbar sein sollen. Eigentlich zu schön, um wirklich wahr zu sein. Sollte es solche Geräte aber wirklich geben, so können sie auf gar keinen Fall die Entwicklung eines deutschen Unternehmens sein. Niemals! Völlig unmöglich!

Von Maß halten, Größenwahn und Verschwendung

Wir leben, noch ist es glücklicherweise so, allen Unkenrufen zum Trotz in einem insgesamt extrem wohlhabenden Land, auch wenn Probleme gewaltigen Ausmaßes die Volkswirtschaft und – als nächsten Schritt – die Demokratie auf eine langfristige Belastungsprobe stellen, allen voran natürlich die knebelnde Arbeitslosigkeit.

Dabei wird kein Volkswirtschaftler, kein Soziologe und erst recht auch kein Politiker jemals ein Patentrezept für eine in jedem Bereich einwandfrei funktionierende Wirtschaft bieten können. Keine Epoche der Wirtschaftsgeschichte war frei von Schwierigkeiten. Doch vergleicht man zwei äußerst auffällige Phasen der Wirtschaft in Deutschland, nämlich einerseits die außergewöhnlich erfolgreiche Nachkriegszeit, andererseits die von eklatanten wirtschaftlichen Unstimmigkeiten geprägten letzten Jahre, so sticht besonders ins Auge, wie sehr sich die Stimmung in der Bevölkerung und deren Bilder von den wirtschaftlich und politisch Mächtigen in der jeweiligen Epoche voneinander unterscheiden.

In einem noch immer unter den vergangenen Kriegswirren leidenden Land während der Aufbauphase herrschte der berechtigte Eindruck vom Nutzen von Fleiß und Mut für alle. An der Steigerung des Wohlstandes sollten alle Teilnehmer der sozialen Marktwirtschaft beteiligt werden – und so haben sie es auch empfunden.

Zum einen hatten die Menschen nicht so vehement das Gefühl, staatlicher Steuer- und Abgabenwillkür ausgeliefert zu sein. Sie betrachteten sich von ihren gewählten Repräsentanten als tatsächlich *vertreten* und nicht als übergangen.

Zum anderen war natürlich, so paradox das auch klingen mag, in gewisser Weise die Zerstörung im Land wirtschaftspolitisch hilfreich, da so die große Nachfrage nach Arbeitskraft zu etwas führte, was man als „Vollbeschäftigung" bezeichnen konnte, ein Begriff, dessen Inhalt heute in utopische Regionen entschwunden ist. Dies führte vor allem dazu, daß die Unternehmensleitungen ausnahmsweise genauso auf die Mitarbeiter angewiesen waren wie diese auf ihre Arbeitgeber – und beide Seiten wußten dies.

Der Mitarbeiter, der dementsprechend behandelt wurde, entwickelte einen überaus gesunden Stolz auf sein Unternehmen. Man bekannte sich dazu, „beim Daimler zu schaffen".

Genau jene positive Denkhaltung der Menschen hat sich heute so entscheidend verändert – und dies nicht ohne Grund.

Einerseits vermittelten und vermitteln die verschiedenen deutschen Regierungen, darüber muß im Prinzip kein Wort mehr verloren werden, in der jüngeren und auch jüngsten

Vergangenheit höchst erfolgreich den Eindruck, jedweden Bezug zur Einwohnerschaft verloren zu haben, lassen sie doch praktisch keine Möglichkeit aus, die Wirtschaft zu behindern. Um dies nur kurz und exemplarisch zu konkretisieren: Wer in einer Volkswirtschaft, deren Produktionsstruktur nun einmal zu den energieintensivsten des Planeten gehört, den fossilen Energieträger Öl, für den es nach wie vor keine ernsthafte Alternative gibt, im Laufe der Jahre mit einer geradezu aberwitzig hohen Mineralölsteuer und überdies mit einer ins umweltfreundliche Mäntelchen gehüllten „Ökosteuer" (schon diese Bezeichnung stellt eine gelungene Karikatur in sich dar) künstlich verteuert, sabotiert konsequent den Wirtschaftsverlauf und schädigt sowohl mittelbar als auch unmittelbar den Bürger. Wer zusätzlich in Zeiten einer zwar keimenden Konjunktur, aber einer noch immer viel zu geringen Binnennachfrage im Konsumbereich erneut die direkt nachfragewirksame und ausschließlich den Endverbraucher treffende Mehrwertsteuer erhöht, entzieht sich selbst die Diskussionswürdigkeit und dokumentiert überdeutlich sein völliges Unverständnis für wirtschaftliche Zusammenhänge, was, so traurig dies auch ist, eine weitere Auseinandersetzung mit der politischen Ebene als de facto überflüssig erscheinen läßt.

Andererseits, und diesem Bereich möchte ich mich intensiver widmen, wurde aus dem Stolz auf die Zugehörigkeit zu einem Betrieb bei vielen Arbeitnehmern inzwischen häufig ein Gefühl der Abneigung, gar der Verachtung gegenüber ihrem Unternehmen und dessen Management. Einen wichtigen Grund hierfür liefert bereits ein Blick auf die unterschiedliche Gehaltsentwicklung zwischen der normalen Belegschaft und der Führungsebene. Nie war die Diskrepanz in der Entlohnung der geleisteten Arbeit zwischen den verschiedenen Hierarchiestufen größer als heute. Man muß wahrlich kein mit Verbitterung geschlagener Sozialneider oder Gewerkschaftssympathisant sein, um den zunehmenden, krankhaften Realitätsverlust in den Führungsetagen zu erkennen, der in einer geradezu unverfrorenen Selbstbedienungsmentalität, die ansonsten immer Politikern vorgeworfen wird, seinen Ausdruck findet. Das durch die Medien geisternde 13-Millionen-Euro-Gehalt des Chefs der Deutschen Bank, Josef Ackermann, ist sicher nur ein Beispiel, jedoch ein besonders drastisches. Mehr und mehr wird heute vergessen, wer die eigentliche Wertschöpfung im Unternehmen wirklich erbringt. Es ist ohne Zweifel nur mit einem Minimalstanteil der Vorstandsvorsitzende. Kein einzelner Mensch *verdient* im engeren Sinne 13 Millionen Euro im Jahr, eine Einzelarbeitsleistung ist das schlicht nicht wert (sofern nicht gerade ein Naturwissenschaftler ein wirksames Universalmedikament gegen alle Seuchen der Menschheit entwickelt, was als eher unwahrscheinlich zu bezeichnen ist).

Selbstverständlich muß in diesem Zusammenhang auch die Abfindungspraxis im Topmanagement angesprochen werden. Was gäbe es für ein schöneres Beispiel als den Mannesmannprozeß, der Abfindungsmillionen, die gleich dutzendweise verteilt wurden, zum Gegenstand hatte. Auch wenn sich die beteiligten Personen (insbesondere seien Herr Ackermann und Herr Esser, ehemaliger Mannesmannchef, genannt) vielleicht keiner Untreue im Sinne des Gesetzes schuldig gemacht haben, so sind sie doch moralisch schuldig. Ohne Wenn und Aber. Selbst der geringste Rest an Schamgefühl scheint in bestimmten Kreisen dem Dasein ein überaus fröhliches Lebewohl zugerufen zu haben. Doch den Skandalsuperlativ in dieser speziellen Angelegenheit liefert die Judikative, die das Verhalten der Angeklagten mit der Beendigung des Verfahrens nach einer vergleichsweise bescheidenen Abschlagszahlung quasi salonfähig machte. Josef Ackermann ist immer noch Vorstandsvorsitzender der Deutschen Bank. Kaum jemand stört sich mehr daran. Wenn wir tatsächlich bei diesem Status des Rechtsempfindens angekommen sind, wenn die Gesellschaft solches Vorgehen wie im Mannesmannfall schließlich duldet, wenn Gerichte bei einem solchen Millionenschaden auf einen mit juristischen Winkelzügen begründbar gemachten Kuhhandel eingehen, wäre es eigentlich wirklich an der Zeit, das Licht auszuschalten und die Türen zu schließen. Wie können wir uns nur das Recht herausnehmen, andere Staaten als „Bananenrepubliken" zu verunglimpfen, wenn derartige Dinge an der Spitze unserer wichtigsten Unternehmen mit Erfolg und ohne ernsthafte Folgen praktiziert werden können?

Natürlich sind ins Irrsinnige übersteigerte Gehälter und Abfindungen, die vom Inhaber eines Unternehmens an leitende Mitarbeiter gezahlt werden, letztlich stets dessen Privatvergnügen, wie auch immer dies von den normalen Mitarbeitern empfunden werden mag. Wenn sich aber Vorstände von Aktiengesellschaften unter den Augen der Aufsichtsräte maßlose Fantasiebezüge und -abfindungen genehmigen, so bedeutet dies nicht nur einen schwerwiegenden Ansehensverlust des Managements in den Augen der Belegschaft. Es werden darüber hinaus auch die Eigentümer des Unternehmens, die Aktionäre, um ihren Besitz gebracht, was zwar kaum die Führungsmannschaften von über Aktienpakete beteiligten Unternehmen in Aufruhr versetzen wird (eine Krähe hackt der anderen bekanntlich kein Auge aus), wohl aber den Kleinaktionär berechtigt aus der Fassung bringt, der praktisch keine Möglichkeit hat, sich der Willkür der Entscheidungsorgane der AGs zu widersetzen. Er muß diesen Verlust von Eigentum und Wirtschaftskultur einfach hinnehmen.

Diese Mentalität des ungezügelten „Nehmens, was man kriegen kann", die in der Managementebene grassiert und eines anständigen Menschen nicht würdig ist, darf sicherlich als eines der schlimmsten Krebsgeschwüre bezeichnet werden, unter denen heute die Wirtschaft leidet, nicht nur weil sie den Unternehmen in erheblichem Maße Liquidität entzieht, ohne dafür auch nur ansatzweise eine adäquate Gegenleistung zu erbringen, sondern vor allem auch, weil die extreme Unverhältnismäßigkeit in der Entlohnung zwischen „oben" und „unten" einer der größten Demotivationsfaktoren für die normalen Mitarbeiter ist.
Wie muß sich ein Schalterangestellter in der Filiale einer Großbank, der mit seinem Gehalt ansonsten durchaus zufrieden wäre, fühlen, wenn er realisiert, daß sich sein oberster Chef für das gleiche Geld, wie er es im ganzen Jahr verdient, nur etwa knapp einen Tag mühen muß? Der Schalterkollege wird, sofern er intelligent genug ist, zum Dienst nach Vorschrift übergehen und irgendwann auch nur noch darauf aus sein zu nehmen, was er bekommen kann. Wer möchte es ihm übelnehmen?
Natürlich muß eine Führungskraft, die mit erheblicher

Verantwortung ausgestattet ist, auch entsprechend höher bezahlt werden, dies steht selbstverständlich völlig außer Frage. Aber der sichere Blick für gesunde, vertretbare Unterschiede in der Bezahlung von verschiedenen Hierarchieebenen ist gründlich verlorengegangen.

Doch bietet sich den mächtigen Lenkern unserer großen Aktiengesellschaften eine weitere riesige Spielwiese, die für die besonders effiziente Vernichtung von Aktionärseigentum mit offensichtlich größter Euphorie genutzt werden kann: die *Beteiligung an* beziehungsweise die *Übernahme von* oder die *Fusion mit* anderen Unternehmen.
Hier scheint eine wundervolle Möglichkeit gegeben, dem so oft artikulierten Bestreben, ein diversifizierter „Global Player" zu sein, besonders schnell Rechnung zu tragen – häufig unglücklicherweise ohne jegliche Vernunft.

Leider muß, um auch hier ein überaus deutliches Beispiel zu liefern, jene Firma genannt werden, die vor langer, langer Zeit von zwei Herren namens Carl Benz und Gottlieb Daimler gegründet wurde, und deren bekanntestes Produkt unter dem Namen *Mercedes* zu Weltruhm gelangte. Genau dieses Vorzeigeunternehmen der deutschen Industrielandschaft machte in der jüngeren Geschichte durch eine Liste von gigantischen, milliardenschweren Fehlinvestitionen auf sich aufmerksam, die ihresgleichen höchstwahrscheinlich für immer vergeblich suchen wird. Es seien nur die Namen Fokker, AEG und Mitsubishi genannt, allesamt Symbole für fehlgeschlagene Engagements von Daimler-Benz, Namen, die dem Daimleraktionär noch heute die Tränen in die Augen treiben. Unglaubliche Mengen von Geld wurden für den

Erwerb der Unternehmensanteile und für die Sanierung der Betriebe ausgegeben. Das Ergebnis waren Verluste über Verluste ohne jeden Positiveffekt für das Mutterunternehmen, Geld, welches dem Aktionär aus der Tasche genommen wurde, nicht dem Unternehmensvorstand.

Eine gesonderte Betrachtung verdient jedoch der größte und sicherlich teuerste Fehlschlag in der Geschichte von Daimler-Benz: die Fusion mit Chrysler aus dem Jahr 1998. Seit dem Zusammenschluß, bei dem es sich letztlich gar nicht, wie zunächst verkündet, um eine Fusion, sondern vielmehr um einen Aufkauf des maroden US-Unternehmens durch Daimler-Benz gehandelt hat, wurde Chrysler ununterbrochen mit ungezählten Milliarden saniert – ohne Erfolg, versteht sich. Von äußerster Pikanterie ist dabei die Tatsache, daß ein besonders großer Teil der Verantwortung für diesen Fehlgriff von außergewöhnlicher Güte in die Hände von „Mr. Shareholder-Value" höchstpersönlich, Herrn Jürgen E. Schrempp, fällt.

Was hatte der so umsorgte „Shareholder", also der Anteilseigner davon? Der ehemalige Daimler-Benz-Aktionär wurde belohnt mit einer Aktienkursentwicklung, die selbst schlimmste aus dem Zusammenschluß resultierende Erwartungen noch übertroffen hat, sowie einer Unternehmensrendite, die unter dem Milliardengrab Chrysler in entsetzlichem Umfang gelitten hat.

Mit Chrysler mutierte Daimler-Benz zu einem nahezu unüberschaubaren, kaum regierbaren, schwankenden Riesen, der ehemals *leuchtende Stern am Autohimmel* verkam vollends zu einem Dauerproduzenten von Negativschlagzeilen. Es ist somit leicht zu erkennen, daß hier die Divergenz zwischen ehemaligem Anspruch und eingetretener Wirklichkeit in ihrer Dimension etwa mit der Entfernung zwischen Stuttgart und Detroit vergleichbar ist beziehungsweise war. So wurde die am 14. Mai 2007 vom amtierenden Konzernchef Dieter Zetsche bekanntgegebene Scheidung der deutsch-amerikanischen Automobilehe schließlich unvermeidlich. Endlich waren selbst nach Ansicht der Unternehmensführung genügend Milliarden verbrannt, um nun tätig zu werden.

Dabei zeigt die Firmengeschichte des Hauses BMW, wo, nachdem mit Rover ausreichend Geld in den Sand gesetzt worden war, bekanntlich ebenfalls die Notbremse gezogen werden mußte, sozusagen einen Präzedenzfall für das auf, was sich einige Jahre später bei Daimler zutragen sollte …

Nun, wenigstens kamen die Entscheidungsträger sowohl bei BMW als auch bei Mercedes zu einem Einsehen, bevor ernsthaft Gefahr für das deutsche Mutterunternehmen bestand. Immerhin!

Doch was treibt führende Manager von großen Aktiengesellschaften in solche Milliardenvernichtungsaktionen, in solche finanziellen Husarenritte auf Kosten der Aktionäre? Ist es einfach nur offen zu Markte getragene Unfähigkeit? Ist es eine Mischung aus Größenwahn und Unvernunft? Ist es Langeweile, die durch Realmonopoly vertrieben werden soll? Ist es eine subtile Form der Dekadenz, die ihren Ausdruck in der Schaffung persönlicher Denkmäler zu finden sucht? Oder sollte es am Ende doch nur eine geradezu verwerfliche Verantwortungslosigkeit und Gleichgültigkeit im Umgang mit Geld und Vermögen anderer sein?

Sicherlich wird eine Kombination all dieser Punkte der Grund sein, warum eine entsprechende Katharsis vieler Mächtiger so wahrscheinlich ist wie die Quadratur des Kreises.

Niemand möchte eine Republik, in der noch mehr staatliche Eingriffe die Wirtschaft zu regulieren versuchen, die längst in einer Flut von Gesetzen, Vorschriften und Verordnungen erstickt. Jeder vernünftige Mensch betrachtet die soziale Marktwirtschaft, für die die freie unternehmerische Entscheidung eine unumstößliche Grundvoraussetzung ist, als das einzig tragfähige Wirtschaftssystem überhaupt. Dennoch, so scheint es, ist in Anbetracht der steten Zunahme der von AG-Vorständen induzierten Milliardenvernichtung im Rahmen der Unternehmensvernetzung hier die Legislative aufgerufen, eine Handhabe zu entwickeln, die dies wirkungsvoll einschränkt. Es muß die schnell durchsetzbare Möglichkeit geschaffen werden, den angesprochenen Personenkreis direkt in Regreß nehmen zu können, wenn dessen Entscheidungen in erkennbar verantwortungsloser beziehungsweise fahrlässiger Manier das Vermögen des Aktionärs schmälern.

Zwar wäre eine entsprechende Beurteilung und Einstufung von entstandenen Unternehmensfehlentwicklungen einerseits eine äußerst komplizierte Aufgabe, doch unterliegt Eigentum andererseits schon seit jeher grundsätzlich dem Schutz des Gesetzes, was allerdings leider das Eigentum des Aktionärs bis dato nur unzureichend oder gar nicht tangiert.

Wenn somit EDEKA einen Schadensersatzanspruch gegen den Dieb eines Schokoriegels hat, dann muß der Anteilseigner eines Unternehmens auch einen vollstreckbaren Anspruch gegen Vorstände haben, die Milliarden verschleudern, auch wenn der mögliche Ersatz oftmals nur einen winzigen Promillesatz des entstandenen Schadens ausgleichen könnte.

Aber allein die Schaffung einer juristischen Grundlage für derartige Regreßansprüche würde häufig ein intensiveres Überprüfen von folgenschweren Entscheidungen auch auf potentiell negative Auswirkungen hin bewirken – und wäre somit bereits ein überwältigender Erfolg, denn nur wenn der Schaden wenigstens zu einem kleinen Teil aus der allgemeinen in die persönliche Ebene transferiert werden kann, kann er auch für die Verantwortlichen wirklich schmerzhaft und entsprechend heilsam fühlbar werden.

Gegner einer solchen Gesetzesinitiative werden einwenden, daß jeder Aktionär schließlich die Möglichkeit der Mitbestimmung über seine Stimme in der jährlichen Hauptversammlung hat. Richtig, hat er. Doch in Anbetracht der Übermacht der durch den „Austausch" großer Aktienpakete miteinander vernetzten Großkonzerne ist der aus dem Stimmrecht resultierende „Schutz" der Kleinaktionäre reinste Makulatur, da sich die Vorstände der Großunternehmen gegenseitig praktisch mit absoluter Allmacht ausstatten können. Anders ausgedrückt: Würde, wie weiter oben bereits angedeutet, der Vorstand der Deutschen Bank jemals ernsthaft in einer Daimlerhauptversammlung gegen den Vorstand des Autobauers stimmen? Unsinn! Der Daimlervorstand könnte ja bei der nächsten Hauptversammlung der Bank bittersüße Rache nehmen.

Kritiker einer Reglementierung der Entscheidungsfreiheit von Konzernlenkern werden hierin auch eine Beeinträchtigung der fruchtbaren Entwicklung von AGs sehen, alldieweil dadurch die so wichtige Entwicklung von Zukunftsstrategien und Visionen, die zwangsläufig mit Fehlern und Irrtümern behaftet sein müssen, viel zu sehr beschnitten werden würde. Zweifellos muß über diesen Einwand nachgedacht werden. Andererseits: Vom schöngeistigen Verfolgen von Visionen hat der Aktionär insbesondere dann keinerlei Nutzen, wenn sich diese als extrem teure Rohrkrepierer erweisen.

Doch möchte ich meine Ausführungen wahrlich nicht als Generalschelte der höchsten Verantwortlichen in unseren Unternehmen verstanden wissen, gewiß nicht, gibt es doch, dies steht außer Frage, auch genügend positive Beispiele für gute Arbeit in den Vorstandsetagen.
Wenn aber hanebüchene Fehlinvestitionen in andere Unternehmen als fast schon peinlicher Ausdruck des Globalisierungswahns Gegenstand der Betrachtung sein sollen, so ist man versucht, sich der eigentlich zu simplen und auch überholten Forderung anzuschließen, die nach weniger Managern und mehr Unternehmern verlangt.
Nicht umsonst bedeutet die erstrangige Übersetzung des englischen Wortes „Manager" eben nicht „Unternehmer", sondern „Verwalter", womit ein Manager per Definition eine Person ist, die dazu berufen wurde, das Kapital anderer zu verwalten, man kann ergänzen: gewinnbringend zu verwalten, was einen ganz erheblichen treuhänderischen Aspekt impliziert. Möglicherweise liegt es aber in der Natur der Sache und des Menschen, wenn dieses Verwalten immer häufiger nicht mehr mit jener Vorsicht, jener Vernunft, jener unmittelbaren Verbindung zur Realität und jener Charakterfestigkeit vollzogen wird, wie es die Größe der Aufgabe bedingt. Ob dies jedoch als Entschuldigung dafür akzeptabel ist, wenn bestens ausgebildete und hochbezahlte Manager

das Erwirtschaften von Erträgen als den tieferen Sinn einer
Unternehmung offensichtlich immer öfter aus den Augen
verlieren, bleibt mehr als fraglich.

Genau hier unterscheidet sich der Unternehmer funda-
mental vom Manager. Der Eigentümer eines Unternehmens
kann es sich schlicht nicht leisten, seine finanziellen Mittel
nach dem Prinzip von „Versuch und Fehlschlag" einzusetzen,
denn egal ob er nun der alleinige Inhaber des Betriebes ist
oder nur die Mehrheit der stimmberechtigten Unternehmensanteile besitzt, er würde mit Beteiligungs- und Über-
nahme-Vabanquespielen à la Daimler-Benz in jedem Fall sein
persönliches Vermögen aufs Spiel setzen, was seinen Sinn
für die vorhandenen Risikopotentiale einer möglichen Investition entscheidend schärft. Macht er einen entsprechenden
Fehler, ist er unter Umständen ruiniert, sein Lebenswerk
vernichtet, der Manager dagegen ist im schlimmsten Fall
arbeitslos, wobei er dann sicherlich mit ein paar hübschen
Millionen Abfindung vor den fatalsten Folgen des sozialen
Abstiegs in die Tatenlosigkeit bewahrt bleibt und sich darauf
freuen kann, Hawaii, den Ferrari und die sonstigen kleinen
Freuden, die das Leben bietet, endlich ohne zeitliches Limit
genießen zu können.

Natürlich möchte ich aber, dies gebietet die Redlichkeit,
nicht verhehlen, daß Unternehmenszusammenschlüsse
tatsächlich auch die gewünschten und propagierten Posi-
tiveffekte haben können, die gerne als das „Freisetzen von
Synergien", also als das Bündeln von Kräften und Möglichkeiten zum gemeinsamen Vorteil der beteiligten Unternehmen bezeichnet werden. Den erfolgreichen Fusionierern,

die mit betriebswirtschaftlichem Sachverstand und größter Umsicht vorgehen, möchte ich meinen Respekt und meine Anerkennung zollen. Die allzu häufigen Mißerfolge lassen jedoch mehr und mehr Zweifel an der Gesinnung der Akteure aufkommen.

Schließlich sollte bei alledem eines auf keinen Fall vergessen werden: Die spinngewebsartige internationale Verknüpfung von Unternehmen bietet nicht nur die Möglichkeit, Geld zu verschieben, zu vernichten oder auch auf besonders frivole Art und Weise unter Entscheidungsträgern aufzuteilen. Nein, sie ist auch ein bestens geeignetes Mittel, gegenüber Wirtschaftsprüfern, Staatsanwälten und auch Aktionären, denen ohnehin nur ein nicht zu vermeidendes Mindestmaß an Informationen zugänglich gemacht wird, jegliche Transparenz zu eliminieren, da selbst ausgesprochen faustisch veranlagte Menschen kaum in der Lage sein dürften, alle Verbindungen eines Großkonzerns in ihrer monetären Wirkung einwandfrei zu analysieren.

Zum Abschluß dieses Abschnitts möchte ich mich nun noch auf einen kleinen Exkurs in den „Peanuts-Bereich" diesseits der Milliardenverbrennung begeben, der, wenn auch in erheblich kleinerem Rahmen, häufig ebenfalls zur Dokumentation von fehlgeleitetem Mitteleinsatz geeignet ist.

Benz und Daimler mögen es mir bitte vom Jenseits aus verzeihen, wenn ich ihr Unternehmen ein weiteres Mal als plakatives Beispiel heranziehe, aber mußte es denn wirklich ein neues Museum sein für rund 150 Millionen Euro, welches sich im übrigen vor allem durch besonders verquere und geschmacklose Betonarchitektur auszeichnet, deren Stil viele der wunderschönen automobilen Exponate, hätten sie denn ein Eigenleben, zur sofortigen Flucht veranlassen würde? 150 Millionen Euro! Vor nicht allzu langer Zeit entsprach dies einer Summe von knapp 300 Millionen D-Mark, in Ziffern dargestellt: 300.000.000 DM.

Natürlich sollte ein Unternehmen wie dieses über ein repräsentatives Museum verfügen, doch wäre dies zu einem Bruchteil der Summe ebenfalls realisierbar gewesen. Aber warum denn kostengünstig, wenn es auch brachial teuer geht?

Wieder ließen sich Manager und Planer feiern. Wieder wurde es mit dem Kapital der Eigentümer bezahlt. Wieder wurde Geld nicht von einem Firmeninhaber nach unternehmerischer Vernunft eingesetzt, denn wegen einem musealen Gewaltbau wird weltweit vermutlich nicht ein zusätzlicher neuer Mercedes verkauft. Zumindest zwei Drittel der Ausgabe wären in der weiteren Qualitätssteigerung der Produkte und somit in der zukünftigen Sicherung des Markterfolges ganz ohne jeden Zweifel besser angelegt gewesen. Aber wer denkt heute schon noch über 100 Millionen Euro nach? Doch wohl nur kleinkarierte Erbsenzähler und Spinner! Für die Vorstände einer großen Automobil-AG, die eben ein modernes, *innovatives* Investitionsdenken pflegen, ist es sicherlich unvorstellbar, sich in die Beugehaft eines solchen Karzinoms der Sparsamkeit zu begeben.

Sparsamkeit. Sie ist eine Tugend, an die sich Industriekapitäne nicht gerne erinnern, auch nicht, wenn es darum geht, sogenannte „externe Kompetenzen" im Rahmen der Konsultierung von Unternehmensberatungen einzukaufen.

Auch hier scheinen die Millionen im Überfluß zur Verfügung
zu stehen.

Natürlich benötigen insbesondere kleine und mittelgroße
Unternehmen immer wieder Beratung von außen, und sei
es nur in steuerlichen oder juristischen Fragestellungen, da
entsprechend informiertes Fachpersonal häufig im Betrieb
nicht zur Verfügung steht. Doch der zu beobachtende ex-
zessive Beratungsbedarf bei Großunternehmen wirft mas-
sive Fragen auf, da diese Firmen mit Sicherheit hinlänglich
ausgebildete Personen aus allen benötigten Disziplinen
selbst beschäftigen.
Wenn hochbezahlte Spitzenkräfte der Unternehmen stra-
tegische und immer häufiger auch operative Entscheidungen
immer öfter nur noch mit der flankierenden Hilfe von
Unternehmensberatungen treffen können (oder wollen),
müssen sie sich offen der Frage stellen, wofür sie eigentlich eine Universität besucht haben und eine wichtige Stellung im Unternehmen bekleiden, womit sie also ihr Gehalt
rechtfertigen, wenn ihre Kompetenzen für ihre ureigenste
Aufgabe, nämlich das Unternehmen zu führen, nicht ausreichend sind? Ergibt sich mit dieser Doppelbesetzung (Manager plus Berater) somit nicht eine Redundanz, die die zu
beratenden Entscheidungsträger im Betrieb, sofern sie über
ein entsprechend solide ausgebildetes Rückgrat verfügen,
in letzter Konsequenz mit ihrem persönlichen Rückzug aus
dem Unternehmen beantworten müßten, da sie schlicht
mit ihrer Aufgabe inhaltlich überfordert sind?
Man stelle sich nur den Mitarbeiter am Band vor, der um
einen Berater ersucht, weil er nicht weiß, wie er seine Arbeit zu erledigen hat. Er würde sicher anstelle eines Beraters

eine Kündigung und den guten Rat, schnellstmöglich einen Psychiater aufzusuchen, bekommen. Doch nicht so das Management. Dort wird der zwar überaus kostspielige, aber eben nicht von „Unternehmensblindheit" geprägte Blickwinkel des Externen ach so dringend benötigt. Denn nur so kann beispielsweise den so oft durchgeführten „Umstrukturierungsmaßnahmen", dem wohl einzig anwendbaren Hilfsmittel zur Bekämpfung vollendeter Ratlosigkeit, eine mit dem Odem der Sinnhaftigkeit versehene Legitimation erteilt werden.

Letztlich aber lassen sich eindeutig zwei Hauptfunktionen des so gern praktizierten Hinzuziehens von externen Beratern herauskristallisieren:

Zum einen ist, so abstrus es klingen mag, das Prestige zu nennen, welches die Zusammenarbeit mit einem namhaften und somit in der Regel extrem teuren Beratungsunternehmen mit sich bringt. *Seht her: Wir können es uns leisten! Wir können teure Leute engagieren! Wir tun was für unser Unternehmen!*

Zum anderen, und dem kommt wohl die größte Bedeutung zu, ist es die Alibifunktion des Unternehmensberaters, der für das Fehlschlagen eines Projektes praktischerweise vom Management nach außen verantwortlich gemacht und ans Kreuz genagelt werden kann. *Seht her: Wir haben die Besten der Besten damit beauftragt, für uns zu denken. Es ging trotzdem schief. Also können wir überhaupt nichts dafür. Wir sind nicht schuld!*

Die paar albernen Millionen für den Beratervertrag werden natürlich bezahlt – vom Eigentümer und somit meist vom Aktionär.

Glücklicherweise müssen Menschen wie Carl Benz, Gottlieb Daimler, Werner von Siemens, Robert Bosch, Graf Zeppelin und viele, viele andere geniale, prominente Gründerpersönlichkeiten, die unter riesigen und heute absolut unvorstellbaren Anstrengungen den Nährboden für unseren heutigen Wohlstand geschaffen haben, nicht mehr miterleben, welch unbeschreibliche Selbstherrlichkeit und Arroganz auf Kosten anderer sich heutzutage in vielen Führungsetagen breitgemacht hat. Sie würden es nicht verstehen. Wie könnten sie auch? Sie alle waren schließlich Unternehmer, keine „Topmanager".

Wie wichtig ist Karriere?

Der folgende Abschnitt wäre sicher auch im ersten Kapitel dieses Buches („Der moderne Arbeitnehmer") positionierbar gewesen. Da er sich aber explizit mit den Entscheidungsträgern in Unternehmen befaßt, erscheint eine Ansiedlung im zweiten Kapitel („Das moderne Management") als angemessener.

Es ist leider nach wie vor eine unbestreitbare Tatsache: Der mit riesigem Abstand größte Teil der Führungspositionen in unserer Arbeitsgesellschaft wird leider nicht vom intelligenteren, sondern vom mit größeren physischen Kräften ausgestatteten Teil der Schöpfung besetzt. Ob dies nun seine Ursache in historischen, soziologischen oder sonstigen Gegebenheiten findet, sei an dieser Stelle dahingestellt, es legt aber nahe, diesen Abschnitt vornehmlich auf die männlichen Entscheidungsträger zu beziehen.

Welche Voraussetzungen müssen vorhanden sein, um einem Menschen den Aufstieg auf der Karriereleiter zu ermöglichen? Eine kaum zufriedenstellend zu beantwortende Frage, da bekanntlich jeder Mensch ein Individuum ist, somit auch jede ambitionierte Person andere Wünsche, Pläne und Ziele hat und andere Mittel anwendet, um diese Ziele zu erreichen. Dennoch kann ganz allgemein als wichtige Grundlage ein offenes Elternhaus genannt werden, welches den Weg zu Bildung nicht verschließt. Eine gewisse Intelligenz, Fleiß und ausgeprägte Beharrlichkeit sind sicher ebenfalls wichtige Basiseigenschaften, um beruflich voranzukommen. Daneben ist ein stets gutes Verhältnis mit Fortuna unverzichtbar.

Doch was macht „Karriere" zu einem so bestimmenden, so allgegenwärtigen Thema, warum, so hat es zumindest den Anschein, freuen sich manche Menschen mehr über oder auf ihre nächste Beförderung denn auf die Geburt ihrer Kinder? Warum ist Karriere ein so erstrebenswerter Teil der Persönlichkeit?

Nun, zunächst ist die Übertragung von mehr und mehr Verantwortung in jedem Fall eine Auszeichnung, da der betreffende Mitarbeiter für geeignet erachtet wird, mit höheren Anforderungen konfrontiert zu werden. Jeder (fast jeder) Mensch ist mit einem gewissen Ehrgeiz versehen, der durch eine Beförderung Befriedigung erfährt. Daran ist nichts Negatives festzumachen. Schließlich soll und muß jeder Mensch versuchen, in seinem Leben nach seinen Möglichkeiten etwas zu erreichen und zu bewirken, was ein wichtiges Element für die Entwicklung der Menschheit als solche ist.

Natürlich ist die mit einer höheren Position verbundene entsprechende Bezahlung ebenfalls ein wichtiges Argument, denn so simpel es auch klingen mag: Leben kostet Geld. Ein höheres Einkommen ermöglicht einen höheren Lebensstandard, der, so ist unsere Gesellschaft eben strukturiert, eine höhere soziale Stellung zu bekunden vermag. Das schöne Haus, der teure Sportwagen, die exklusive Urlaubsreise oder die edle Armbanduhr: All das will bezahlt sein, wobei Karriere hilfreich ist. Diese Dinge haben zwar kaum das Potential, einen Menschen in sich dauerhaft glücklich zu machen, aber sie bereiten, dies kann niemand ernsthaft bestreiten, Freude, und Freude ist nichts, was moralisch verwerflich wäre.

Aber die Attraktivität von Geld ist nicht unbegrenzt. Die personalwirtschaftliche Fachwelt spricht heutzutage von Geld als „Hygienefaktor", nicht mehr oder immer weniger von Geld als „Motivationsfaktor". Dies soll bedeuten: Insbesondere ab einer bestimmten Ebene motiviert Geld nicht mehr zu außergewöhnlicher Leistung, es verhindert lediglich Unzufriedenheit. Anders formuliert: Wird das Jahresgehalt des außertariflich bezahlten Abteilungsleiters wegen Vergrößerung seiner Entscheidungskompetenz von 300.000 auf 400.000 Euro erhöht, hat er kaum materiellen Nutzen davon, denn es ist im Prinzip sinnlos, sich einen dritten Porsche in die Garage zu stellen. Aber er sieht „wenigstens" die Anerkennung seiner höheren Verantwortung. Spätestens jetzt ist Geld kein ernsthafter Grund mehr für weiteres Karrierestreben.

Dennoch bleibt der eiserne Antrieb, nach ganz oben zu kommen, meist bestehen. Aber warum?

Kann es der Wunsch nach immer größerer Macht sein, dieser in der Kindheit geborene und in der Pubertät weiterentwickelte Traum, ein möglichst unangefochtener Befehlshaber zu sein? Denkbar, aber ist dies den damit verbundenen Aufwand und tagtäglichen Megastreß tatsächlich wert?
Oder macht etwa Macht Männer wirklich sexy? Nun, diejenigen Herren, die diese Frage mit einem lauten „Ja" beantworten, beleidigen – so möchte ich es zumindest glauben – den weiblichen Intellekt dermaßen brüsk, daß man ihnen Alice Schwarzer im Kampfanzug mit entsicherter Maschinenpistole auf den Hals hetzen müßte. Viel eher, so vermute ich, ist die „Macht macht sexy"-Theorie ein Glaubensansatz jener Männer, die infolge von Übergewicht und streßbedingtem Herzinfarktrisiko in der Ausübung von Macht die einzig praktizierbare Form von Erotik sehen (müssen).

Auf jeden Fall muß das Innehaben von Macht ein entscheidender Antriebsfaktor für die vielfach unglaublichen Anstrengungen, die einer möglichst blühenden Karriere wegen unternommen werden, sein. Das Gespräch mit einem guten, langjährigen Freund, der bereits seit einiger Zeit mit Führungsverantwortung in einem Industrieunternehmen betraut ist, lieferte mir ein wichtiges Indiz hierfür: „Macht macht süchtig!", gab er ohne Umwege zu. Nach seiner Ansicht geht es also um Sucht. Ich bin gewillt, ihm zuzustimmen.

Wenn es sich um eine Sucht handelt, so ist diese sicher nicht ohne weiteres mit der krankhaften Sucht nach Tabak, Alkohol oder Drogen vergleichbar, doch die euphorisierende

Wirkung muß ähnlich gelagert und – wie bei den meisten Süchten – möglicherweise zur Kompensation persönlicher Defizite geeignet sein, wobei die Determination jener Defizite natürlich der empirischen Psychologie überlassen werden muß.

Viele Süchte aber, dies ist eine naturgegebene Gewißheit, bieten automatisch die Möglichkeit, diese auszunutzen. Tabak-, Alkohol- oder Drogensüchtige kann der jeweilige Handel ausnutzen. Der an Machtsucht Erkrankte bietet einem anderen Personenkreis die Möglichkeit, ihn auszunutzen: den noch Mächtigeren. Er wird nahezu alles tun, um diesen zu gefallen, da er hierin die einzige Chance sieht, seiner Sucht früher oder später wieder etwas Futter liefern zu können. Anders formuliert: Machtsucht macht den Betroffenen systemkonform. Er wird ohne zu murren bereit sein, regelmäßig 13 Stunden am Tag zu arbeiten (und dies nicht nur, um den schreienden und nervenden Bälgern zu Hause aus dem Wege zu gehen), ebenso wird er eine irrsinnige Flut von vielleicht noch so sinnlosen Dienstreisen über sich ergehen lassen, er wird fast schon stolz darauf sein, während des Tages keine Zeit zum Essen gefunden zu haben oder den Urlaub verfallen lassen zu müssen. Der besonders Unabkömmliche wird gar bereit sein, seinen Urlaub, sollte er ihn tollkühn tatsächlich angetreten haben, gerne zu unterbrechen und für eine ja so wichtige Konferenz um die halbe Welt zurückzureisen, um nach drei bedeutenden Stunden wieder an seinen Urlaubsort zu fliegen. Selbstredend ist er natürlich auch willens, sich bei Bedarf um Mitternacht, am Wochenende und ohnehin an jedem denkbaren Feiertag im Büro einzufinden.

Von der belohnenswerten Aufopferung bis zur äußerst

bemitleidenswerten Dummheit ist es dann zwar nur noch ein sehr, sehr kleiner Schritt, aber der nach Macht Strebende ist schließlich ein guter Soldat der Sache und somit prädestiniert für weitere Beförderungen (glaubt er zumindest). Damit ist dann auch die meistgebrauchte Lüge der Machthungrigen entlarvt: „*Aber Schatz, das tue ich doch alles nur für dich!*" Ihr Ehefrauen aller Länder: Vereinigt Euch gegen diesen haarsträubenden Blödsinn. Laßt Euch um Himmels willen diesen Nonsens nicht bieten. So dumm könnt Ihr nicht sein, als daß Ihr Euch dafür nicht selbst als zu schade erachtet. Macht es Euren werten Gatten unmöglich, dieser Burleske eine vermeintliche Wahrheit ins Gesicht zu kleben.

Schon vor einigen Jahren habe ich mich mit einem weiteren guten Freund zum Thema unterhalten. Auch er, seineszeichens promovierter Naturwissenschaftler, ist längst leitender Angestellter in einem Industrieunternehmen, ein hochintelligenter junger Mann, der ohne Frage zur intellektuellen Elite des Landes zu zählen ist. Ich stellte ihm während eines Essens im Restaurant die (vielleicht zu oft gestellte) Frage nach dem Mittelpunkt seines Lebens. Ohne auch nur einen Augenblick des Zögerns antwortete er mit dem Namen des Unternehmens, für welches er tätig ist. Diese Antwort hinterließ zunächst ein Lächeln in meinem Gesicht, hielt ich sie doch für den mit spitzer Feder gezeichneten Versuch, den Abend in ein humorvolles Ambiente zu tauchen. Sein Antlitz allerdings ließ keinerlei Erheiterung erkennen. Sollte er diese Feststellung etwa ernstgemeint haben? Etwas erschrocken bat ich ihn, seine Aussage nochmals zu überdenken und meine Frage erneut zu beantworten. Wieder hörte ich den Namen seines Arbeitgebers, was mir die Gabel aus der Hand fallen und den Atem stocken ließ: Er meinte es in der Tat ernst!

Zum Zeitpunkt unseres Gesprächs war er bereits Ehemann einer überaus bezaubernden Frau und Vater eines wundervollen kleinen Sohnes. Hätte ich diese Antwort von Lischen Müller erhalten, wäre für mich darin keinerlei Dramatik erkennbar gewesen, denn Lischen würde möglicherweise nicht über den Horizont verfügen, um zu einer anderen Aussage zu kommen. Mein Freund jedoch hat ihn zweifellos, und das ist in höchstem Maße besorgniserregend, denn schließlich weiß ich, daß er seine Familie über alles in der Welt liebt.

Wenn dieser Denkweise, deren Ursache sicherlich auch in einer entsprechend ausgerichteten Entwicklung und Förderung des Managementnachwuchses zu suchen ist, nun insbesondere bei jungen Führungskräften, die die ersten Schritte nach oben bereits gemacht haben, heute zunehmend eine gewisse Allgemeingültigkeit unterstellt werden kann (was ich befürchte), da sie gegebenenfalls vielleicht einen wichtigen Grundstein für den weiteren Weg auf der Karriereleiter verkörpert, wenn also im Zweifelsfall die Wünsche der Familie den möglichen Wünschen des Arbeitgebers stets hintangestellt werden, das Privatleben primär als zweitrangig gegenüber der beruflichen Laufbahn betrachtet wird, so ist es höchste Zeit, an die Vernunft zu appellieren. Unter diesem Aspekt sollten sich bei vielen Karrieregläubigen sicher gewisse kognitive Dissonanzen einstellen, die sie vielleicht erkennen lassen, welch hohen Preis sie für den häufig zirkusähnlichen Weg nach oben bezahlen, denn schließlich, dies gilt es zu begreifen, arbeiten wir nach wie vor, um zu leben, nicht umgekehrt.

Natürlich darf von jedem Menschen erwartet werden, seine Aufgabe mit Entschlossenheit, Engagement und Strebsamkeit anzugehen. Wenn aber die Gier nach „Selbstverwirklichung", nach Macht und Anerkennung mit der Selbstaufgabe gegenüber dem Arbeitgeber bezahlt werden muß, was offensichtlich immer öfter der Fall ist, so sollten wir den Mut haben, dem Einhalt zu gebieten, indem wir uns vermehrt wieder auf wichtigere Werte besinnen.
Uneingeschränkter Obrigkeitsglaube und Kadavergehorsam dürfen auch für die (nachwachsenden) Manager nicht zum höchsten Leitmotiv mutieren. Oder werde ich jetzt etwa zu weltfremd? Nun, dies mag so sein, wenn mir aber Teile der Karrierewelt nicht fremd wären, wäre ich mir selbst fremd, was ich als erheblich schlimmer empfinden würde.

3 Deutschland – ein Staat auf dem Weg in die Verarmung?

Dieses Kapitel unterscheidet sich von den beiden anderen dadurch, als daß es keinen Raum für Humor mehr bereithält.

Es ist nicht zu leugnen: Die Schere zwischen Arm und Reich, zwischen Superarm und Superreich öffnet sich im Lande immer weiter. Hauptverantwortlich hierfür ist in erster Linie die extreme Unterversorgung mit offenen Arbeitsplätzen, dies ist eine hinlänglich bekannte Tatsache. Ein Heer von Arbeitslosen, dessen Stärke mittels unglaublicher Kreativität und durch die Anwendung besonders intensiver Kosmetik von effektiv acht auf völlig illusorische vier Millionen Menschen zurechtgerückt wurde, ist die ultimative Bankrotterklärung der deutschen Wirtschaft. Man kann dies als die schlimmste Katastrophe betrachten, die Deutschland nach dem Zweiten Weltkrieg ereilt hat.

Eine allumfassende Erklärung für diese Entwicklung kann niemand geben. Zu vielschichtig sind die nationalen und internationalen wirtschaftlichen Zusammenhänge, so daß eine lückenlose Beweiskette für die Entstehung der Massenarbeitslosigkeit prinzipiell nicht geführt werden kann. Sicher erscheint nur, wie ungeeignet für eine Erklärung simplifizierte Totschlagargumente sind, die stets zu kurz greifen. In dieser Hinsicht ist der immer wieder angeführte Vorwurf zu nennen, es gäbe viel zu wenig hochqualifizierte Bewerber. Hunderttausende von arbeitslosen Akademikern

sprechen eine eindeutige Sprache, wobei natürlich eingeräumt werden muß, daß die Chancen von schlecht oder gar
nicht ausgebildeten Menschen, einen Arbeitsplatz zu finden,
tatsächlich äußerst gering sind. Diese minderqualifizierten
Mitbürger geben in der Statistik dem Wort „Sockelarbeits-
losigkeit" Gestalt, der Teil der Arbeitslosigkeit, der uns für
immer begleiten wird. Jene Menschen sind ohne Umwege
von Armut betroffen, in deren Folge sie gar mit dem ent-
setzlichen Wort „Unterschicht" tituliert werden.
Wer dagegen als wichtigsten Grund für die Arbeitslosigkeit
lediglich die insgesamt zu geringe Nachfrage nach Gütern
und Dienstleistungen anführt, liefert ebenfalls eine wenig
hilfreiche Stellungnahme, auch wenn sie im Grunde richtig
ist.

Vielmehr muß gefragt werden, was den lähmenden Nach-
fragemangel auslöst, der zu einer Unterauslastung der volks-
wirtschaftlichen Kapazitäten und damit zu Arbeitslosigkeit
führt. Hier können insbesondere für den Binnenmarktbe-
reich sicherlich Fehler der Wirtschafts-, Finanz- oder auch
Umweltpolitik genannt werden, deren genauere Betrachtung daselbst ein Buch füllen würde.
Auch wenn ich hierauf nicht näher eingehen möchte, so
seien als Beispiele dennoch die politischen Fehler, die ich im
Abschnitt „Von Maß halten, Größenwahn und Verschwendung" des vorherigen Kapitels bereits dargestellt habe, nochmals kurz in Erinnerung gerufen: Eine Regierung, die unter
dem Vorwand des ökologischen Engagements die Energie
verteuert (Strom, Öl, Benzin), um damit Haushaltslöcher zu
stopfen, schöpft Nachfragepotential ab. Wer „Ökosteuer"
bezahlt, kann für dieses Geld kein Brot mehr kaufen (was

allerdings nicht nur Politiker, sondern auch verblendete und geistlose Umwelthysteriker, die auf jeden Fall den blauen Planeten retten wollen, auch wenn dessen Bewohner dabei ins Abseits gedrängt werden, nicht begreifen möchten oder können). Aber auch eine Regierung, die in der Phase einer sich langsam erholenden Konjunktur zu Beginn des Jahres 2007 die Mehrwertsteuer erhöht und damit weitere Kaufkraft eliminiert, begeht einen Fehler, der, würde dieses Vorgehen von einem Studenten der Volkswirtschaft vorgeschlagen, im Grunde mit dessen sofortiger Exmatrikulation wegen betörender Unfähigkeit geahndet werden müßte.

Doch möchte ich mich nicht weiter solchen Momentaufnahmen der Politik zuwenden, sondern statt dessen die inzwischen galoppierende „Globalisierung" ansprechen, deren riesiges Problempotential für den Binnenarbeitsmarkt sowohl von Seiten der Regierung als auch von Seiten der Industrie seit Beginn dieser Entwicklung häufig in seinen Ausmaßen nicht realisiert wurde und oftmals noch immer nicht wird.

Zweifellos bringt das wirtschaftliche Zusammenrücken von Staaten und Kontinenten auf den ersten Blick nicht zu leugnende Vereinfachungen mit sich. Die globale Öffnung der Märkte, die mehr Staaten den Zugang zu mehr Waren eröffnet, birgt insbesondere auch für den Menschen als Individuum zunächst unbestreitbare Vorteile. Wer möchte schon im Wegfall von Handelserschwernissen wie unterschiedlichen Währungen, Zöllen, Ost-/Westkonflikten oder auch Handelsembargos negative Aspekte erkennen? Dies verbietet sich erst recht, wenn als Meßlatte zur Beurteilung solcher Handelserleichterungen nicht wirtschaftliche, sondern ethische Erwägungen herangezogen werden.

Dennoch bleibt eine mathematische Gewißheit: Auch wenn in immer neuen Ländern immer neue (Teil-)Märkte erschlossen werden, so existiert makroökonomisch nur ein globaler Markt, *ein Weltmarkt*, in dem die Gesamtheit wirtschaftlichen Handelns zusammengefaßt ist. Dieser Weltmarkt, dieser eine „große Kuchen", zu dem mehr und mehr Volkswirtschaften einen konkurrenzfähigen Zugang errichtet haben, kann und wird dabei nur einmal verteilt werden, und um diesen Kuchen, der einerseits durch die Globalisierung sicherlich an Volumen zulegen konnte, hat andererseits längst ein mit aller Gewalt geführter, nicht mehr nur internationaler, sondern schon seit geraumer Zeit interkontinentaler Verteilungskampf begonnen, vor dessen Brutalität – dies ist zweifellos eine unpopuläre, aber dennoch wohl kaum zu bestreitende Feststellung – früher existente Handelsbeschränkungen einen gewissen Schutz zu bieten vermochten.

In diesem Verteilungskampf haben hochtechnologisierte Staaten wie die Bundesrepublik Deutschland heute wider Erwarten oftmals überraschend schlechte Karten in fast allen Bereichen – mit entsprechenden Folgen für den Arbeitsmarkt in den traditionellen Industriestaaten.

Als besonders anschauliches Beispiel für diese Problematik möchte ich die globale wirtschaftliche Zusammenarbeit mit der Volksrepublik China nennen, einem Land von 1,3 Milliarden Einwohnern, welches sich über die Jahre hinweg immer weiter vom kommunistisch-planwirtschaftlichen Wirtschaftssystem löste, sich also ökonomisch geöffnet hat und heute auf dem besten Wege ist, zur unangefochten größten und damit bestimmenden Wirtschaftsmacht auf dem Planeten zu werden.

Die Vorgehensweise, die China hierfür angewendet hat, kann als lehrbuchmäßig bezeichnet werden. Als Niedriglohnstaat mit hoher landwirtschaftlicher Prägung konzentrierte sich das Land zunächst auf den „Low-Tech"-Bereich, auf dem mit gegenüber westlichen Staaten konkurrenzlos niedrigen Kosten Waren in gewaltigen Mengen produziert wurden und werden, mit denen die etablierten Industriestaaten in diesen Marktsegmenten mehr und mehr verdrängt wurden, wodurch natürlich auch immer mehr Arbeitsplätze für Geringqualifizierte aus der westlichen Welt nach Asien „exportiert" wurden.

Gleichzeitig besann sich der Westen auf seine Technologieführerschaft im „High-Tech"-Bereich und konzentrierte sich darauf mit dem Ziel, hierfür mehr Absatzmöglichkeiten auf dem Weltmarkt zu finden – und er fand diese: in Asien. Das Riesenreich China, durch die massenhafte Produktion einfacher Güter erstmals in der Neuzeit zu international bedeutender wirtschaftlicher Kraft gelangt, war nun finanziell in der Lage, höhere westliche Technologie einzukaufen. Und China wurde geradezu wettkampfartig von den Industriestaaten beliefert, da diese in entsprechenden Exporten ihre einzige Chance sahen und noch heute sehen. Ein Vorgang, der dereinst in wirtschaftsgeschichtlichen Büchern unter dem Stichwort „Technologietransfer" seine Beschreibung finden wird.

So wurde das Megaland beispielsweise mit „Know-how"

aus dem Automobilbereich – wahrlich nicht zuletzt dank Deutschland – und damit einhergehend natürlich auch mit modernsten Entwicklungen aus dem Maschinenbau regelrecht hochgerüstet, wobei es noch immer mit im Vergleich geringen Lohnkosten produzieren kann. Ergebnis: China ist heute wohl weltweit das einzige Land mit gewaltigen Zuwächsen im Autombilbereich. Erste Schiffsladungen sind bereits in Europa angekommen; Automobile, welche qualitativ sicherlich noch Raum für Verbesserungen bieten, die aber zu vergleichsweise sehr günstigen Preisen auf einen deutschen Markt treffen, dessen Käufer immer weniger Geld zur Verfügung haben und mit einem sinkenden Lebensstandard kämpfen müssen. Kurz gesagt: Der internationale Handelsbumerang kehrt zurück und wird uns mit stählerner Härte treffen, da, auch wenn es vielleicht langsam gehen wird, die deutschen Hersteller Marktanteile verlieren werden, denn diese werden im Lohnkostenbereich schwerlich je konkurrenzfähig sein – und die Chinesen haben ja bekanntlich Zeit …

Daß chinesische Automobilfirmen aber inzwischen nicht einmal mehr davor zurückschrecken, auf geradezu dummdreiste Art und Weise deutsche Kraftfahrzeuge einfach zu kopieren, daß sie also grundlegende Regeln eines fairen internationalen Wettbewerbes irgendwann mit Füßen treten und beim Diebstahl geistigen Eigentums erbärmlich wenig von der Hochkultur ihres Landes zeigen könnten, hat dabei in den Gedanken der Entwicklungshelfer von einst wohl eine ähnlich große Rolle gespielt wie vor 100 Jahren der Eisberg in jenen der Titanic-Erbauer. Aber war es vor ein, zwei Jahrzehnten wirklich für niemanden erkennbar, wie peripher sich die Chinesen eines Tages vom deutschen beziehungsweise internationalen Patent- und Urheberschutz tangieren lassen? Warum sollten sie sich auch dafür interessieren? Dies wäre völlig unsinnig, denn was können wir gegen den diesbezüglich schlechten Stil Chinas schon ernsthaft unternehmen? Schließlich konstruieren und bauen 1.300 Millionen fleißige Menschen in jenem gewaltigen asiatischen Land ihre modernen Maschinen, Autos und praktisch alle sonstigen Dinge nach der jahrelangen technischen Aufrüstung inzwischen einfach selbst und bilden somit schon aufgrund der Größe und gewachsenen Stärke ihrer eigenen Volkswirtschaft heute einen weitestgehend autark lebensfähigen Industriestaat, der weitere, teuer aus der westlichen Welt zu beziehende technologische Unterstützung kaum noch benötigt und international wirtschaftlich fast unangreifbar wurde, während Reis in Deutschland noch immer nicht wächst, und unsere „Low-Tech"-Industrie aufgrund übermächtiger asiatischer Konkurrenz praktisch ausgestorben ist. Wer ist also heute in einer offenen Weltwirtschaft auf wen angewiesen? Eben!

Um es nochmals zu betonen: Selbstverständlich haben die Chinesen das gleiche Recht, Autos zu bauen und zu fahren wie Franzosen, Italiener, Amerikaner oder Deutsche. Wer könnte das in Frage stellen? Aber jenseits jeglicher moralischer Bewertung muß gefragt werden (dürfen), wie sinnvoll es ist, Technologie im Rahmen der Globalisierung unüberlegt in aller Herren Länder zu exportieren, auch wenn es für die kurzfristige Gewinnmaximierung der westlichen Industrie hilfreich ist.
Wenn in einer offenen Weltwirtschaft völlig unterschiedliche Lebensstandards in der oben beschriebenen Weise

sozusagen gegeneinander antreten, darf nicht erwartet werden, daß es automatisch zu einem gemeinsamen Einpendeln auf höchstem Niveau kommen wird. Vielmehr werden die Länder mit einem im Vergleich insgesamt sehr hohen Lebensstandard (wie zum Beispiel Deutschland) eher Boden verlieren, während Länder mit wirtschaftlich niedrigerer Basis mehrheitlich dazugewinnen werden, ein Effekt, wie er zweifellos auch im Rahmen der kontinuierlich vorangetriebenen EU-Osterweiterung noch zu beobachten sein wird.

Wir alle bewegen uns auf der Schnellstraße der weltweiten Wirtschaft und können diese auch kaum mehr verlassen. Aber wir in Deutschland müssen uns bewußt werden, daß uns die Globalisierung in unserer Situation eher Arbeitsplätze kosten denn neue bescheren wird, was noch immer viele Zeitgenossen nach wie vor partout nicht wahrhaben wollen, vielleicht auch, weil ein entsprechender Paradigmenwechsel die Fehler der Vergangenheit zu deutlich ans Licht bringen würde, was ihn sehr schwierig macht.

Arbeitslosigkeit ist angesichts einer immer geringer werdenden Leistungsfähigkeit des Sozialstaates ohne Frage *der* Schlüssel zum Tor, welches den Weg in die Verarmung öffnet. Eine Situation, die für immer mehr Menschen in erdrückende Hilflosigkeit mündet, in ein ausweglones Absinken auf den Boden der Gesellschaft, einer Gesellschaft gar, die inzwischen soweit pervertiert ist, die Nachricht von bevorstehenden Massenentlassungen in einem Unternehmen mitunter mit einem deutlichen Kursanstieg der entsprechenden Papiere an der Börse zu beantworten, was aus spekulativen Erwägungen vielleicht verständlich, gleichsam aber in der darin verborgenen Symbolik vernichtend ist, die den Menschen als solchen quasi zum Problemfall für das Unternehmen erklärt.

Viele Menschen sind heute aufgrund ihrer schlechten Einkommenssituation inzwischen einfach gezwungen, nach anderen Wegen zu suchen. Eine praktizierte „Alternative" hierbei ist das Ausweichen auf die stetig wachsende, sogenannte Schattenwirtschaft, umgangssprachlich auch schlicht „Schwarzarbeit" genannt. Es steht außer Zweifel: Schwarzarbeit ist illegal. Die juristische Frage bedarf keiner Klärung. Dennoch möchte ich mir erlauben, die Schwarzarbeit in zwei Kategorien einzuteilen: Bei der Schattenwirtschaft muß unterschieden werden zwischen jenem Teil, der als verwerflich bezeichnet werden muß, und jenem Teil, für den man, selbst wenn man kein schwerbewaffneter Anarchist ist, ein gerüttelt Maß an Verständnis aufbringen kann, um nicht zu sagen: sollte.

Unter der verwerflichen Schwarzarbeit ist jene zu verstehen, die als professionell organisiert gelten muß und im Grunde nur einem dient: dem Chef, der illegal ganze Trupps meist ausländischer Arbeitskräfte ohne „staatliche Beteiligung" beschäftigt, welche er mit Minimalstlöhnen weit unterhalb des Marktüblichen ausbeutet.
Diese Form der Schattenwirtschaft, wie sie immer wieder beispielsweise auf Großbaustellen mit einem kaum überschaubaren Geflecht aus einer Vielzahl von Unternehmen und Subunternehmen anzutreffen ist, muß mit allen Mitteln des Rechtsstaates verfolgt und mit der vollen Härte des Gesetzes geahndet werden, zerstört sie doch das Konkurrenzgefüge, indem sie den Unternehmer, der seine Mitar-

beiter auf der Basis redlicher Arbeitsverhältnisse beschäftigt, aus dem Markt drängt. Dies vernichtet in großem Umfang versicherungspflichtige Arbeitsplätze und wirkt sich in keiner Weise belebend auf den Wirtschaftskreislauf aus, da das Parkhaus, die Autobahn oder die Gebäude eines Industriekomplexes so oder so gebaut werden, mit oder ohne Schwarzarbeiterkolonnen. Das besonders Traurige dabei aber ist die Tatsache, daß die illegal in eben diesen Kolonnen beschäftigten Menschen trotz meist schwerster körperlicher Arbeit häufig dennoch Gefahr laufen zu verarmen, ihnen somit eher die Rolle des Opfers denn jene des Täters zukommt. Täter sind die Drahtzieher, die Organisatoren.

Der anderen Form der Schwarzarbeit, die sich, dies soll nochmals betont werden, natürlich auch außerhalb des Gesetzes bewegt, kann deshalb mit einer gewissen Akzeptanz begegnet werden, weil sie nicht den einen Beteiligten bereichert und den anderen ausbeutet, sondern weil sie im Grunde auf den Vorteil aller Beteiligten zielt. Dies soll heißen: Für denjenigen, der die Arbeit in Auftrag gibt, ist es finanziell bedingt häufig die einzige Möglichkeit, sein Ziel überhaupt noch zu erreichen, während derjenige, der die Tätigkeit ausführt, dabei nicht ausgenutzt wird, sondern für seine Arbeit einen vertretbaren Lohn erhält.

Wer auch bei dieser Art der Schattenwirtschaft nicht beteiligt wird, das muß eingeräumt werden, ist der Staat, aber:

- Wer möchte es dem Studenten wirklich verübeln, wenn er, nicht zuletzt dank der Einführung von Studiengebühren chronisch knapp bei Kasse, sich beispielsweise die Fantasiestundensätze großer Vertragsautomobilwerkstätten einfach nicht mehr leisten kann und für die Reparatur der Bremsen an seinem Fahrzeug einen Hinterhofbetrieb sucht und findet, der bereit ist, die Arbeit ohne Rechnung auszuführen?

- Wer wird die Rentnerin verurteilen, für die das Bestreiten ihres Lebensunterhaltes infolge wiederholter Rentenkürzungen mit immer größeren Anstrengungen verbunden ist, wenn sie das Angebot des Elektrikermeisters von nebenan, ihr auf die Arbeit für den Einbau einer neuen Platine in ihr altes Fernsehgerät keine Mehrwertsteuer zu berechnen, von Herzen dankend annimmt?

- Kann man dem alleinverdienenden Familienvater, der sich auf das finanzielle Vabanquespiel einläßt, ein Einfamilienhaus errichten zu wollen, moralische Unreife vorwerfen, weil er gerne bereit ist, die eine oder andere Leistung von dem einen oder anderen Handwerksmeister am Samstag ohne Rechnung durchführen zu lassen? Oder muß bei realistischer Betrachtung attestiert werden, daß ein bis ins letzte Detail gesetzestreuer Hausbau für den Normalverdiener nicht mehr zu bezahlen ist?

Wer dieser Form der Schattenwirtschaft vorwirft, sie würde Arbeitsplätze kosten, macht sich den Zenit betriebs- und volkswirtschaftlicher Unkenntnis zu eigen, denn das Gegenteil ist der Fall: Die Bremsen oder das TV-Gerät würden möglicherweise nicht mehr repariert werden, der Student also eventuell zu Fuß gehen und die Rentnerin vielleicht nur noch Radio hören; das Einfamilienhaus, welches wegen

Unfinanzierbarkeit nicht gebaut werden könnte, würde gar
einer Vielzahl von Gewerken die Arbeit entziehen.

Nicht nur der kleine, lokale Handwerksmeister, der sich ein
Zubrot verdient, wäre betroffen, auch die großen Fabriken,
die die Bremsbeläge, die Platine und die Baustoffe für das
Haus anbieten, könnten all diese Teile nicht produzieren,
was sich dann in der Tat negativ auf das Beschäftigungsniveau auswirken würde. Für diese Erkenntnis ist es beileibe
nicht notwendig, ein Wirtschaftsgelehrter vom Kaliber eines
Adam Smith oder eines John Maynard Keynes zu sein. Die
Herrschaft über das kleine Einmaleins (die jedoch vielen
Menschen offensichtlich nicht mehr zur Verfügung steht)
ist vollkommen ausreichend.

Diese „kleinkriminelle" Form der Schattenwirtschaft ist somit nicht allzu scharf zu verurteilen, denn sie schafft keine
Verarmung, im Gegenteil, sie ist Folge derselben oder zumindest einer auf breiter Front abgesunkenen wirtschaftlichen Leistungsfähigkeit großer Teile der Bevölkerung. Sie
ist, wenn man so will, das einzig praktikable und zugleich
wirkungsvolle Mittel des „kleinen Mannes", sich gegen wirt-
schafts-, finanz- und sozialpolitische Unfähigkeit der Regierung, die in vielen Fällen heute durchaus als fast schon
bewußte Gängelung der Bevölkerung empfunden werden
kann und muß, zu wehren. Schließlich muß sich derjenige,
der den moralischen Zeigefinger erhebt und vom an der
Stelle zunehmend mangelnden Unrechtsbewußtsein unter
den Menschen erzählt, ernstlich fragen, warum diese Form
der Schwarzarbeit die wohl einzige Art der Wirtschaft ist,
die auch während den schlimmsten Krisen, die je über un-

ser Land hereingebrochen sind, zum Wohl aller Beteiligten funktioniert und ihnen nicht selten buchstäblich gar das Überleben ermöglicht hat.

Sie ist nach dem Gesetz nicht legal, wird aber um so verständlicher und nachvollziehbarer, je schlechter es den Menschen geht, womit sie letztlich nichts anderes als ein Selbsthilfeinstrument ist, welches im Verständnis der Bevölkerung in Eigeninitiative mit Legalität versehen wird und somit eher die Legislative denn die „normalen" Menschen zu einem intensiven Nachdenken inspirieren sollte.

Dabei ist die deutlich zu erkennende, materielle Verarmung der einen Teile der Gesellschaft „nur" ein Aspekt einer insgesamt bedrückenden Entwicklung, da andere Teile wiederum immer größere Schwierigkeiten haben, humanitäre Werte zu bewahren.

Wen interessiert es wirklich, was in Menschen vorgeht, die wir zu „Hartz-IV-Empfängern" und „1-Euro-Jobbern" machen, für die wir also sogar neue, absurde Bezeichnungen erfinden, um ihnen ihre Minderwertigkeit auch wirklich eindeutig klarzumachen? Haben wir in 70 Jahren Geschichte nicht gelernt, welch übergroßen Fehler die staatlich anerkannte Stigmatisierung ganzer Bevölkerungsgruppen darstellt?

Natürlich muß das Agieren innerhalb einer Marktwirtschaft auf das Erzielen von Rendite ausgelegt sein, um diese am Leben zu erhalten, doch das Diktat der Rentabilität, nach dem wir unser Leben mehr und mehr ausrichten, dem unsere gesamte Wirtschaftsordnung letztlich folgen muß, wenn sie

nach den Grundregeln des Systems funktionieren soll, läßt
den Raum für menschliche Empfindungen immer weiter
schrumpfen. Der „Kampf um das Überleben" sieht kaum
noch Platz vor für Menschen, die, aus welchen Gründen
auch immer, nicht oder nicht mehr in der Lage sind, sich
den Modalitäten der modernen Ellenbogengesellschaft zu
stellen – oder dies in weiten Teilen auch einfach nicht mehr
wollen.

Warum machen wir uns letztlich keine Gedanken, wenn
unser bis zum Exzeß betriebenes Konkurrenzdenken die
Kapazitäten der Kliniken für psychische Erkrankungen bis an
die Grenzen ausnutzt, weil eine verhängnisvolle Mischung
aus Überforderungen (fachlicher und/oder mentaler Natur)
am Arbeitsplatz und tiefgreifenden Existenzängsten einer
stetig steigenden Anzahl von Menschen die Gesundheit
und damit ihr wertvollstes Gut kostet? Die Antwort ist
ganz einfach: Weil wir keine Zeit mehr dafür haben, weil
wir – möglicherweise als nächsten Schritt – insgeheim und
unbewußt vielleicht sogar in jedem daraus resultierenden
Langzeitarbeitslosen, der keine Aussicht mehr auf die Rück-
kehr in ein geregeltes Erwerbsleben hat, einen eliminierten
Konkurrenten sehen, der den Aktiven nicht mehr gefährlich
werden kann.

Doch die Ursache für diesen Verlust von Humanität in unserem Arbeitsleben darf letztendlich nicht nur in wirtschaftlichen Zwängen, die sich aus globalen Rahmenbedingungen
ergeben, gesehen werden. Man muß sie zum Teil auch in
unseren Industrieunternehmen suchen, die immer seltener
bereit sind, für ihre Mitarbeiter, welche die Basis für jedes

Unternehmen verkörpern, Verantwortung zu übernehmen und in menschlicher Arbeit in der Tat nur noch einen Kostenfaktor sehen.

Dies wird sehr eindrucksvoll durch das immer häufiger zu beobachtende Ausweichen auf Zeitarbeitsfirmen, die bekanntlich in den letzten Jahren wie wucherndes Unkraut aus dem Boden schossen, manifestiert. Hierin bietet sich den Betrieben die besonders einfache Möglichkeit, das deutsche Kündigungsschutzgesetz, welches in Details sicher überzogen, in seiner Gesamtheit aber ein unverzichtbarer Bestandteil einer zivilisierten Arbeitswelt ist, ohne Probleme auf dem Weg in die US-amerikanische „hire-and-fire"-Gesellschaft zu umgehen. Auch wenn der Umweg über ein Zeitarbeitsunternehmen den Produktionsprozeß in aller Regel verteuert (das Verleihunternehmen möchte schließlich auch Geld verdienen), so überwiegt dennoch der Reiz, auch bei geringsten Beschäftigungsschwankungen den Leiharbeiter sofort wieder loszuwerden. Die Leidtragenden sind dabei stets die Leiharbeitskräfte. Zum einen sind sie aufgrund der oft kurzen Zeiträume kaum in der Lage, zu den Unternehmen, an welche sie verliehen werden, ein Zugehörigkeitsgefühl zu entwickeln, womit sie häufig pausenlos ein „Fremdkörper" sind. Zum anderen werden sie meist mit Löhnen abgespeist, die mit den Regularien der Marktwirtschaft bezüglich Angebot und Nachfrage oder gar mit fragwürdigen Tarifverträgen legitimierbar sein mögen, die jedoch von einer entschieden höheren Instanz, dem menschlichen Anstand, niemals eine Absolution erhalten werden, da sie ein normales Leben von den Früchten der geleisteten Arbeit vielfach nicht ermöglichen.

Und genau das stellt uns vor ein Dilemma besonderer

Schwere: Sind wir angehalten, die von den Zeitarbeitsfirmen offensichtlich als angemessen betrachtete Entlohnung ihrer Mitarbeiter als den greifbaren Beginn des internationalen Anpassungsprozesses zu sehen, oder müssen wir im teils als skrupellos zu bezeichnenden Gebaren jener Leiharbeitsfirmen, welche schließlich von der überhandnehmenden Inanspruchnahme insbesondere durch Industriebetriebe erhebliche Unterstützung erfahren, den Anfang der Rückwärtsbewegung in das frühkapitalistische Zeitalter weit jenseits von Otto von Bismarck erkennen und uns mit allen – zur Not auch legislativen – Mitteln dagegen wehren, da deren ungehinderter Fortschritt höchstwahrscheinlich zu einem düsteren Ende führen dürfte, mit welchem wir unseren heutigen kulturellen Stand selbst persiflieren würden?

Beim Suchen nach einer Antwort auf diese Fragestellung müssen wir uns stets gewahr sein: Wir reden von nicht weniger als der „Vermietung" des *Werkzeugs Mensch*, welche sich in der praktizierten Form vom Verleihen beispielsweise eines Automobils nicht nennenswert unterscheidet.

Letztlich wird eben diese Antwort jeder Betrachter im Grunde für sich selbst finden und mit seinem Gewissen vereinbaren müssen, wobei allerdings die Entwicklung in naher Zukunft elementare Orientierungshilfen liefern wird.

Schlußwort

Nein, es ist nicht alles schlecht im Lande. Wer den Inhalt meines Buches als Abgesang auf unsere Arbeitsgesellschaft versteht, interpretiert ihn völlig falsch. Dennoch wollte ich auf teilweise humorvolle Weise zeigen, daß vieles ein wenig (oder vielleicht auch etwas mehr) aus dem Ruder läuft. So manches könnte auf einem besseren Wege sein, wenn die Beteiligten es nur wollten.

Gegenwärtig aber teilt sich die Nation in zwei Teile: in den einen, der alles so, wie es ist, akzeptiert und sich dementsprechend verhält, auch wenn es immer häufiger äußerste Disziplin erfordert, und in den noch weit kleineren, aber stetig wachsenden anderen, der verschiedenen Entwicklungen nicht mehr folgen kann und/oder will.
Der eine, kleiner werdende Teil wird sich weiterhin in befriedigendem oder auch wachsendem Wohlstand befinden, der andere wird es zunehmend schwerer haben, sich in der Gesellschaft zu behaupten, wird mehr und mehr verarmen.

Der einzige Ausweg scheint in dem zweifellos idealistischen Ansatz zu liegen, ein grundsätzliches Umdenken im Miteinander zu erreichen, denn nahezu jeder Mensch hat seine eigenen Talente, die er zum Vorteil aller einbringen kann – wenn es diesen Talenten auf würdige Art und Weise ermöglicht wird, sich zu entwickeln, ohne sich in Konkurrenz- und Verteilungskämpfen aufzehren zu müssen.

Vielleicht brauchen wir alle nur etwas mehr Ruhe, um öfter über das nachdenken zu können, was wir tun.